KB074863

미국 〈아마존 비즈니스 도서〉 베스트셀러

습관의 힘

잭 D. 핫지 지음 | 김세중 옮김

습관을 바꾸면 인생이 바뀐다.

아이디북

습관의 힘

초판 1쇄발행일 2004년 3월 30일
초판 7쇄발행일 2008년 7월 10일

지은이 잭 D. 핫지
옮긴이 김세중
펴낸이 김철수
편 집 최봉식
디자인 김현민

인쇄·제본 (주)상지사 피앤비

펴낸곳 아이디북
등 록 1988년 2월 27일 제8-44호
주 소 서울시 은평구 응암동 244-211
전 화 (02)322-7792 | 팩스(02)322-9826

ISBN 89-903510-6-5 03320

사랑하는 에이미, 헤이든, 헌터, 홀덴에게

The Power of HABIT

감사의 글

　이 책을 위해 많은 분들이 도움을 주셨다. 이 책이 나오기까지 도움을 주신 모든 분들에게 깊은 감사를 드린다.

　우선 나의 사랑하는 아내 에이미에게 고맙다는 말을 전하고 싶다. 나와 아이들에 대한 아내의 헌신과 무조건적인 사랑은 어떤 말로도 다 표현할 수 없을 것이다. 또한 카렌 애드머럴, 지미 이스벨, 트럼불 서클 갱, 더그 E. 프레시와 캠스터, 그리고 모든 친구들에게 감사를 드린다.

목 차

성공(success) ― 1. 간절히 원하거나 계획하거나 시도한 어떤 것의 성취: 비즈니스에서 성공한 것은 열심히 일한 덕분이다. 2.a. 명예나 부유함의 성취: 예술가는 성공하면 영감을 잃는다. b. 그러한 성취의 정도. 3. 성공한 것 : 그 계획은 성공적이었다.

― 아메리칸헤리티지사전(The American Heritage Dictionary)

"진실로, 실패한 사람과 성공한 사람의 차이는 단지 그들의 습관에 있다. 좋은 습관은 모든 성공의 열쇠이다. 나쁜 습관은 실패로 가는 문이다. 그러므로 무엇보다 우리가 지켜야 할 제 1 법칙은, 좋은 습관을 만들어 좋은 습관의 노예가 되는 것이다."

― 오그 만디노, "이 세상에서 가장 위대한 세일즈맨의 비밀 (The Greatest Salesman in the World) 중에서"

성공은 상대적이다. 또한 성공은 주관적이다. 우리는 모두 각자 나름대로 성공의 의미를 정해 놓고 있으며, 그 정의에 도달하기 위해 노력한다. 자기를 실패자라고 생각하는 사람은 거의 없겠지만, 대부분의 사람들은 자기 능력이나 기대의 수준에 미치지 못하는 성과를 거두고 있다고 생각할 것이다. 여러분이 성공의 의미를 어떻게 정의하고 있던지, 그리고 그 정의에 꼭 맞는 성공을 어느 정도 달성했던지 간에, 성공하기 위해 필요한 것이 무엇인지는 대부분의 사람들이 잘 알고 있을 것이다.

리더의 위치에 있는 사람은 강한 성격의 소유자가 되어 기대 수준을 명확하게 설정하여 비전을 분명하게 전달하고, 그리고 신뢰의 분위기를 개발하여 모범적인 지도자가 되는 것이 성공적인 리더의 조건이라고 생각한다.

세일즈맨은 풍부한 제품 지식을 갖추고 경쟁 제품과 시장 상황, 고객에 대해서 많이 알며, 세일즈 기술을 개발하고 열심히 일하는 것이 성공적인 세일즈맨으로서 갖추어야 할 기본 조건이라고 생각한다.

건강한 삶을 살고 싶다면 규칙적으로 운동하고 식생활 습관을 바꾸어야 한다는 사실은 누구나 알고 있다. 끊임없이 운동하고 고지방 음식 섭취를 줄여야 한다고 누구나 말한다. 요점은 이것이다. 여러분도 원하는 성공이 무엇이며 그 성공을 달성하기 위해 어떻게 해야 하는지 이미 잘 알고 있다는 것이다.

문제는 여러분이 성공하기 위해서 무엇이 필요하냐를 아는데 있는 것이 아니라, '성공하기 위해서 필요한 것을 지속하려면 어떻게 해야 하느냐?' 하는 것을 알아야 한다는 것이다.

　시중에 나와 있는 모든 자기 계발 서적과 비디오, 각종 세미나, 텔레비전 프로그램을 한번 생각해보라. 이런 책을 읽고, 비디오와 텔레비전을 보고, 세미나에 참석하는 대다수의 사람들이 삶을 실질적으로 변화시키지 못하고 있다. 왜 그럴까? 성공에 필요한 것만 중점을 두고 있기 때문이다. 그것은 우리 모두가 이미 다 알고 있는 것이다. 성공에 필요한 것을 지속하려면 어떻게 해야 하느냐에 대한 책이나 프로그램은 거의 없다. 이 부분이 바로 성공한 사람과 그렇지 못한 사람의 궁극적인 차이이다.

　인생을 성공으로 이끈 사람들은 자기들을 더욱 성공적으로 만드는데 필요한 일들을 끊임없이 지속한다. 어떻게 그럴 수 있을까? 의식적이든 무의식적이든 가장 성공한 사람들은 성공을 보장하는 습관과 일상을 어떻게 개발하는지 잘 알고 있다. 실제로 모든 성공한 사람들의 공통점이 하나 있다. 바로 좋은 습관을 바탕으로 한 일상생활을 하고 있다는 것이다.

　습관은 그렇게 중요하다. 일상적인 행동의 90퍼센트는 습관을 바탕으로 하고 있다. 우리가 매일 행동하는 것은 거의 대부분이 습관이다. 모든 사람들은 좋은 습관과 나쁜 습관을 갖고 있다. 하지만 우리가 매일 행동하는 것의 90퍼센트가 습관이라면, 우리의 삶을 효과적으로 변화시키는 유일한 방법은 습관을 바꾸는 길밖에 없다는 말이 된다. 좋은 소식은 나쁜 습관을 효과적으로 고칠 수도 있고, 우리들을 더 성공적으로 만들기 위하여 좋은 습관을 길들이는 방법을 배울 수 있다는 것이다.

　습관을 고치는 열쇠가 바로 이 책에 있다. 성공한 사람과 보통 사람의 차이는 지능이나 재능, 능력이 아니라 습관의 차이에 있다는 것을 이 책은 설명한다. 습관의 위력을 살펴가며, 자기 잠재력을 최대한 발휘하여 보다 높은 수준의 성공을 달성하기 위해 습관을 어떻게 바꾸어야 하는지 설명한다. 이 책에서 설명하고 있는 기법을 따라하면 여러분도 인생을 바꿀 수 있다. 그리고 더 큰 성공을 거둘 수 있다.

1부 · *Part One*

습관과 일상

The
POWER of
HABIT

1

꿈꾸는 사람과 실천하는 사람

대학에 입학하여 첫 학기를 마칠 즈음, 나는 유급당할 처지에 놓였다. 수시로 수업을 빼먹었다. 진도를 따라가지 못했다. 과제물을 마냥 미루기만 하다가 결국에는 정해진 기간 안에 제출하지도 못했다. 물론 학교생활을 제대로 하기 위해 노력했다. 하지만 별다른 진전이 없었다.

그때 할아버지께서 나를 불러 앉히고 할아버지다운 어드바이스를 해주셨다. 할아버지의 말씀은 글자 그대로 나의 인생을 바꾸어 놓았다.

할아버지는 과학적으로 입증되고 오랜 세월에 걸쳐 현실로 증명된 사실이라며 말씀하셨다. 이 세상에는 두 종류의 사람이 있다고 하셨다. 꿈꾸는 사람(dreamer)과 실천하는 사람(doer)이다.

"이 세상에는 두 종류의 사람이 있단다. 바로 꿈꾸는 사람과 실천하는 사람이지. 꿈꾸는 사람은 말하고, 생각하고, 꿈꾸며 희망한단다. 어떤 거창한 일을 해내겠다는 계획을 세우기도 하지. 하지만 실천하는 사람은 그 모든 것을 실제 행동으로 실천한단다. 지금 너는 꿈꾸는 사람이 되어 있는 거야. 해야 하거나 하고 싶은 일을 행동으로 옮기기가 아주 힘들겠지. 하지만 이제부터는 실천가가 되어야 한단다. 넌 그렇게 할 수 있어."

할아버지의 말씀은 나의 삶을 바꾸어 놓았다. 여러분의 인생도 변화시킬 수 있다. 그렇다면 어떻게 해야 꿈꾸는 사람이 실천가로 바뀔 수 있을까? 획기적인 삶의 전환이 어떻게 일어날 수 있을까? 그것을 알기 전에 먼저 꿈꾸는 사람과 실천가가 무엇인지 살펴보고 이 둘의 차이를 알아둘 필요가 있다.

실천하는 사람은 꿈꾸는 사람보다 더 큰 성공을 거둔다. 실천하는 사람은 목표를 세우고 끊임없이 노력하지만 꿈꾸는 사람은 목표를 향해 출발하지도 못하고 쉽게 포기한다. 실천하는 사람은 스스로 자기 삶을 변화시킬 능력을 갖추고 있다. 실천하는 사람은 자기 목표를 달성한다. 회사를 세우고, 책을 쓰고, 마라톤 대회에 나가 완주한다. 스스로 목표를 정하고 달성한다. 반면에 꿈꾸는 사람은 그런 것을 꿈꾸기만 한다.

무엇이 꿈꾸는 사람을 붙잡고 있을까? 새로운 도전에 대한 막연한 두려움 때문일까? 실패의 두려움 때문일까? 꿈꾸는 사람은 재능이 부족하고 지적 능력도 떨어지기 때문일까? 능력이나 운이 없기 때문일까? 꿈꾸는 사람은 실패하고, 실천하는 사람은 위대한 목표를 성취하는 이유가 도대체 무엇일까?

그 답은 간단하면서도 심오하다. 실천하는 사람을 성공으로 이끌고 꿈꾸는 사람을 실패로 이끄는 힘은 바로 습관(habit)이다.

"인간의 일생에 대해서, 또는 운명 전체에 대해서 결정하는 것은 순간뿐이다."

- 요한 W.V. 괴테(독일의 시인, 문학가)

"기회는 온갖 노력의 최상의 선장이다."

- 소포클레스(그리스의 극작가)

나는 누구인가?

나는 당신의 영원한 동반자이다. 나는 당신에게 가장 큰 힘이 되기도 하고, 가장 무거운 짐이 되기도 한다. 나는 당신을 전진하게 만들기도 하고, 당신을 잡아끌어 실패하게 만들기도 한다. 나는 전적으로 당신의 명령을 받는다. 당신이 하는 일의 절반 정도는 나에게 넘어오며, 나는 그 모든 일을 신속하고 정확하게 해치울 수 있다.

나를 통제하기는 아주 쉽다. 하지만 단호해야 한다. 어떤 일을 어떻게 하고 싶다고 정확히 보여 주기만 하면 몇 차례의 시도 끝에 자동적으로 그 일을 처리한다. 나는 모든 위대한 사람들의 충복(忠僕)이며, 동시에 모든 실패자의 충복이기도 하다. 나는 위대한 사람을 더욱 위대하게 만든다. 실패자는 더욱 실패하도록 만든다.

기계의 정밀함과 인간의 총명함을 갖고 일하지만 나는 기계가 아니다. 나를 통해 이익을 얻을 수도 있고, 파괴될 수도 있다. 당신이 어떻게 되든 나는 상관이 없다.

　　나를 잡아 길들이고 훈련시키고 단호하게 통제하면 나는 당신의 발밑에 이 세상을 바칠 것이다. 나와 함께 편안히 살아라. 그러면 내가 당신을 파괴할 것이다.

　　　　　　　나는 누구일까?

　　　　　　나는 습관이다.

현재와 미래

"미래란 지금이다."

– 마가렛 미드(미국의 문화인류학자)

'미래가 지금이다.'란 이 말은 문화인류학에 종사해서 수많은 곳의 실태조사를 끝낸 뒤의 말이라서 설득력이 있다.

오랜 역사를 초월하여 각 민족을 연구할 때 현재라는 것이 과거의 그림자에 자나지 않는다는 것을 발견하고 한 말이다.

우리는 종종 '내일이 있으니까.'하고 오늘 할 일을 내일로 미루는 경향이 있다. 그러나 그 내일도 사실은 오늘이라는 사실을 망각해서는 안 된다.

2
습관의 힘

습관(habit) − 1.a. 반복적이고 무의식적인 행동 패턴. 지속적인 반복을 통해 획득된다. b. 확고하게 굳어진 마음 또는 성격. 2. 일상적으로 굳어진 행동 또는 방법.

− 아메리칸헤리티지사전(The American Heritage Dictionary)

"습관보다 더 강력한 것은 없다."

− 오비디우스(Ovidius)

우리가 습관의 동물이라는 말에는 이의가 없을 것이다. 좋건 싫건 우리가 갖고 있는 습관은 우리의 삶에 엄청난 영향력을 발휘한다. 하지만 그 영향력이 어느 정도인지 제대로 깨닫고 있는 사람은 거의 없다.

우리의 일상적인 행동 가운데 최대 90퍼센트는 모두 습관에서 비롯된 것이라 할 수 있다. 한번 생각해보라. 대부분의 일상 행동이 모두 습관이다. 아침에 일어나 세수하고, 양치질하고, 옷을 입고, 신문을 읽고, 식사를 하고, 출근하는 그 모든 과정이 습관적으로 이루어진다. 매일 수백 가지 습관이 반복된다.

하지만 습관은 단순한 일상 이상의 더 큰 의미를 갖고 있다. 습관은 우리 삶의 모든 부분에 영향을 준다. 손톱을 깨물거나 머리카락을 만지작거리거나, 연필을 쥐거나, 팔짱을 끼는 사소한 행동은 물론이고, 무엇을 먹고, 얼마나 먹고, 언제 먹고, 어떤 운동을 하는지, 얼마나 오래 하는지, 얼마나 자주 하는지와 같은 건강과 관련된 모든 습관이 우리 삶에 영향을 준다. 친구나 가족, 동료와의 관계도 습관을 바탕으로 한다. 사실 사람의 성격 자체도 습관과 밀접한 관계가 있다.

릭 워렌(Rick Warren)은《목적이 이끄는 삶(The Purpose Driven Life)》에서 이렇게 말했다. '성격은 기본적으로 습관의 합(合)이다. 습관적인 행동 방식이 바로 성격인 것이다.' 습관이 성격을 결정한다는 이런 주장도 전혀 새로운 것은 아니다. 아리스토텔레스(Aristotle)는 기원전 350년경에 이렇게 주장했다. '미덕을 만드는 것은 정당하고 절도 있는 행동으로 이루어진 습관이다.' 하지만 습관은 한 개인의 삶 이상의 범위까지 그 영향력을 발휘한다.

습관이 사회 전체 조직의 심리학적 메커니즘을 실질적으로 이끌고 있다고 많은 심리학자가 주장한다. 19세기 심리학자인 윌리엄 제임스(William James)는 이렇게 말했다.

습관은 사회를 움직이는 거대한 바퀴이다. ⋯⋯힘들고 어려운 삶의 길이라도, 그 길을 걸으며 자란 사람은 절대 포기하지 않는다. 우리 모두는 어린 시절의 선택이나 교육을 통해 획득한 습관을 바탕으로 인생의 전투에 나서며, 다른 대안이 없기 때문에 못마땅해도 그대로 살아간다. 다시 시작하기에 너무 늦었다고 생각한다. 다양한 사회 계층은 서로 섞이지 못한다. 젊은 여행자, 젊은 의사, 젊은 목사, 젊은 변호사 모두 25세의 나이에 이미 직업적 매너리즘에 빠져 있다. 옷 입을 때 팔을 잘못 낀 소매부리보다도 더 도망칠 수 없다는 편견에 사로잡혀 있다. 그대로 있는 것이 최선의 길이라고 생각하고 있다. 우리의 성격은 석고처럼 단단히 굳어 있으며, 다시는 이전 상태로 돌아가지 않는다.

윌리엄 제임스는 습관의 힘이 사회 전체의 구조에 어떤 영향을 주는지 지적하고 있을 뿐만 아니라, 습관을 바꾸기가 얼마나 어려운지도 강조하고 있다.

> "습관의 힘이 얼마나 강력한지는 누구나 잘 알고 있다."
>
> — 찰스 다윈(Charles Darwin)
>
> "우리 자신의 나쁜 습관을 조금이나마 바꾸는 것보다 교회와 국가의 제도를 개혁하는 것이 훨씬 더 쉽다고 느껴질 때가 있다."
>
> — 사무엘 스마일즈(Samuel Smiles)

습관을 바꾸기가 왜 그렇게 어려울까? 우리의 무의식 깊숙한 곳에 들어와 있기 때문이다. 그렇기 때문에 의식적 의지만으로 습관을 바꾸기는 거의 불가능하다. 의식적 노력은 항상 깨어 있을 때만 경고를 발하고 힘을 발휘한다. 항상 경계 태세를 갖추고 있어야 의식이 무의식을 이길 수 있다. 항상 보초를

서야 한다. 하지만 깊은 밤이 되면 경계를 서고 있던 보초가 잠에 빠진다. 그러면 무의식이 우리를 사로잡는다. 무의식은 절대로 잠을 자지 않기 때문이다. 무의식은 항상 거기에 있다. 우리 의식이 경계를 늦추기를 기다린다. 기회가 오기를 끈질기게 기다린다.

차를 몰고 가다가 완전히 다른 길을 가고 있다는 사실을 갑자기 깨달은 적이 있는가?

나는 항상 같은 길을 따라 출근한다. 그런데 그 길에서 공사가 벌어졌다. 공사 때문에 교통 사정이 좋지 않아 다른 길을 찾아야 했다. 하지만 오랜 기간 동안 매일 같은 길을 이용해 출근

의식(意識)과 무의식(無意識)

정신이 의식과 무의식이라는 두 개의 부분으로 구성되어 있다고 생각하자. 의식 부분은 깨어 있는 상태이다. 생각하고, 추론하고, 계산하고, 계획하고, 목표를 세운다. 무의식 부분은 일종의 저장 공간이다. 과거의 경험이 존재하는 곳이다. 기억, 느낌, 신념, 가치, 그리고 습관이 무의식을 구성한다.

했기 때문에 일종의 습관이 되어 있었다. 이 습관은 무의식적으로 나를 사무실까지 데려다 주었다. 자동 항법 장치(自動航法裝置)와 같았다.

바쁜 아침이면 나의 의식은 오늘 해야 할 수많은 일과 업무 기한, 새로운 아이디어에 사로잡혀 있기 때문에, 출근길은 나의 자동 항법 장치인 무의식이 모든 것을 알아서 처리한다. 실제로 아주 편리하다. 적은 노력으로 더 많은 일을 할 수 있기 때문이다.

나의 무의식(습관)을 바꾸어야 할 필요가 생길 때까지는 그랬다. 지금까지 다녔던 길을 따라가면 도로 사정이 좋지 않아 늦을 수도 있다는 사실을 의식은 정확히 알고 있었지만 무의식은 그렇지 않았다. 일단 차를 타고 출발한 다음 오늘 해야 할 일에 의식이 빠져버리기 시작하면 무의식이 운전대를 빼앗아 지금까지 이용했던 복잡한 길로 나를 데리고 갔다. 그리고 꽉 막힌 도로에 가둬 놓았다.

습관을 바꾸는 열쇠가 바로 여기에 있다. 여러분의 의식이 무의식과 커뮤니케이션하면서 무의식을 훈련시켜야 하고, 무의식을 위한 프로그램도 다시 짜야 한다.

심리학 101

> "여러분이 의식적으로 발걸음을 내딛자마자 무의
> 식이 함께 출발할 수 있어야 여러분의 인생을 변
> 화시킬 수 있다. 그렇지 않으면 지금까지 살아왔
> 던 것과 똑같이 살게 된다."
>
> — 밀드레드 만(Mildred Mann)

습관을 하나 바꾸는데 21일 걸린다는 말이 있다. 많은 사람
이 믿고 있는 이 말에 약간의 진실이 있으며, 심지어 그 말을 뒷
받침하는 과학적 데이터도 있다. 하지만 21일이 마법의 숫자는
아니다. 습관에 따라 걸리는 기간이 다르다. 어린 시절에 형성
된 습관(특히 유아기에 형성된 것)은 바꾸기가 어렵다. 또한 오랫
동안 갖고 있었던 습관(더 많이 반복되었던 것)은 바꾸기가 더 어
렵다.

예를 들어 나는 아침 출근 습관을 바꾸는데 21일이 걸리지
않았다. 나의 의식이 무의식을 통제하면서 다시 훈련시키고 프
로그램을 바꾸는데 6일 정도 걸렸다. 반면에 나에게는 손톱을

깨무는 나쁜 습관이 있었다. 이 습관은 어린 시절부터 있었던 것이며, 20대가 되어서도 고치지 못했다. 아주 오랜 습관이었기 때문에 이것을 고치는데 거의 5개월이나 걸렸다. 마법 숫자인 21일보다 훨씬 더 오래 걸린 것이다.

이런 이야기가 있다. 어떤 나이 지긋한 선생님이 어린 학생과 함께 숲 속을 걷고 있었다. 그 선생님이 갑자기 걸음을 멈추고 근처에 있는 나무 네 종류를 가리켰다.

첫 번째 것은 이제 막 땅에서 올라오기 시작한 작은 새싹이었다. 두 번째 것은 비옥한 땅에 굳게 뿌리를 내린 어린 나무였다. 세 번째 것은 어린 학생만큼이나 크게 자란 나무였다. 네 번째 것은 거대한 오크(oak) 나무였다. 어린 학생은 나무 꼭대기를 볼 수조차 없었다.

선생님이 학생에게 말했다.

"첫 번째 것을 당겨 보거라."

어린 학생은 손가락으로 쉽게 잡아 당겼다.

"이제 두 번째 것을 당겨 보거라."

어린 학생은 선생님 말씀대로 잡아 당겼다. 조금 힘을 주어 당기자 뿌리까지 모두 뽑혔다.

"이제 세 번째 것을 당겨 보거라."

어린 학생은 한 팔로 당겨보다가 두 팔로 당겼다. 온 힘을 다해 잡아 당겼다. 결국 뽑혔다.

"그럼 이제……," 선생님이 말씀하셨다. "네 번째 것을 당겨

습관과 중독

습관과 중독의 차이를 이해하는 것이 중요하다. 일반적으로 습관(habit)은 성향(inclination), 경향(tendency), 일상(routine)과 같은 뜻으로 사용되며, 중독(addiction)은 집착(fixation), 화학적 의존성(chemical dependency), 강박관념(obsession)과 같은 뜻으로 사용된다. 중요한 차이가 바로 여기에 있다. 습관과 중독을 구분하여 생각해야 한다. 예를 들어 금연을 하고자 할 때는 흡연 행위에 습관과 중독이 모두 존재한다는 사실을 이해하면 도움이 된다. 니코틴 의존성은 중독이며, 나머지는 습관이다. 담배를 피우는 사람은 습관과 중독의 정도가 다양하다. 어쨌든 습관과 중독이 모두 관련되어 있으므로 담배를 성공적으로 끊기 위해서는 이 둘을 모두 해결해야 한다. 이 책은 습관과 일상 행동에 대해서만 다루고 있다. 중독 부분은 대상이 아니다.

보거라."

어린 학생은 그 거대한 나무를 쳐다보았다. 학생은 시도할 엄두조차도 내지 못했다.

"애야," 선생님이 말씀하셨다. "습관의 힘이란 이런 것이다."

이 이야기에서 나무는 습관을 의미한다. 오래 되고 더 크고 뿌리가 깊게 자리 잡고 있을수록 뽑아내기가 힘들다. 네 번째 나무는 거대한 것이다. 어린 학생으로서는 뽑을 엄두도 내지 못하는 그런 거대한 습관이다. 감히 바꾸고자 하는 생각도 못 한다.

결론은 이렇다. 고치기가 더 어려운 습관이 있다는 것이다. 이 말은 좋은 습관과 나쁜 습관 모두에 적용된다. 이 이야기의 나무처럼 좋은 습관도 굳게 뿌리를 내릴 수 있다. 작은 싹에서 시작하여 천천히 자라나 네 번째 나무처럼 거대한 오크나무가 될 것이다. 좋은 습관을 한번 깊게 자리 잡도록 하라. 그러면 쉽게 바뀌지 않는다.

3

습관의 효과

> "다른 사람과 구별되는 독특한 라이프스타일을 즐기고 싶다면 이 점을 이해해야 한다. 습관이 미래를 결정한다는 사실이다."
>
> - 잭 캔필드(Jack Canfield)

공통분모

성공한 사람들의 공통분모는 좋은 습관을 바탕으로한 일상생활을 하고 있다는 것이다. 운동선수, 변호사,

정치가, 의사, 사업가, 음악가, 세일즈맨 등 각자의 분야에서 성공을 거둔 최고의 사람들은 한 가지 공통점을 갖고 있다. 바로 좋은 습관이다. 그렇다고 그들에게 나쁜 습관이 전혀 없다는 말은 아니다. 하지만 나쁜 습관보다 좋은 습관이 더 많다. 좋은 습관을 바탕으로 한 일상생활이 보통 사람과 성공한 사람을 구분하는 중요한 차이점이다. 좋은 습관은 유전적 잠재력을 더 많이 발휘하도록 만든다.

한번 생각해보라. 성공한 사람이 다른 사람보다 반드시 지적으로 더 뛰어난 것은 아니다. 다만 이들은 좋은 습관을 갖고 있어 더 많은 교육을 받고, 더 많은 지식을 습득하며, 더 뛰어난 능력을 갖추게 된다.

성공한 사람이 보통 사람보다 반드시 더 뛰어난 능력을 갖춘 것은 아니다. 다만 이들은 더 많이 노력하고, 연습하고, 준비하는 습관을 갖고 있다. 성공한 사람이 천성적으로 다른 사람보다 더 의지가 굳고 열심히 노력하는 것은 아니다. 다만 인내하고 노력하며 더 효과적이고 체계적으로 학습하고 일하는 습관을 갖고 있을 뿐이다.

지능의 문제가 아니다.

머리가 좋은 사람은 부모님께 감사해야 한다. 지능은 유전적인 것이다. 키를 늘리듯이 지능을 끌어올릴 수 없다. 하지만 좋은 습관을 들이면 더 많은 교육을 받고, 더 많은 지식을 획득할 수 있다. 습관은 유전적 잠재력의 실현 수준을 결정한다.

의사인 존스 박사(Dr. Jones)는 아침마다 식사를 하면서 의학 저널과 임상 논문을 읽는 습관이 있다. 얼마 지나지 않아 존스 박사는 이 습관으로 인해 더 많은 지식을 갖추고 더 뛰어난 의사로 인정받게 된다. 아무 것도 모르는 사람이라면 존스 박사가 다른 의사보다 지능이 더 뛰어난 사람으로만 보일 것이다. 하지만 현실은 그렇지 않다. 존스 박사보다 지능이 떨어지는 의사도 있지만, 그보다 더 우수한 의사도 얼마든지 있다. 하지만 존스 박사는 더 뛰어난 의사가 되었고, 그 때문에 다른 의사보다 머리가 더 좋은 것으로 비쳐진다. 이 모든 것이 단순한 습관의 결과인 것이다.

위대한 발명가인 토머스 에디슨(Thomas Edison)은 전구와 축음기, 영사기를 포함해 일생 동안 1,093개를 발명했다. 에디슨은 진짜 천재였다. 그러나 에디슨은 생각하는 습관이 있었기 때문에 가능했다고 말한다.

"우리의 뇌는 근육과 마찬가지 방식으로 발달시킬 수 있다. 적절한 운동을 통해 뇌를 강화시킬 수 있다. 생각하는 힘을 키우면 뇌의 용량이 확대되고 새로운 능력을 가질 수 있다. 생각하는 습관을 개발하지 못한 사람은 인생의 가장 큰 즐거움을 놓치게 된다. 가장 큰 즐거움을 놓칠 뿐만 아니라, 자기 잠재력을 충분히 발휘하지도 못한다."

에디슨은 생각하는 습관이 인간의 유전적 잠재력을 최대한으로 발휘하게 한다는 점을 이해했던 것이다.

스페인의 위대한 바이올린 연주가인 사라사테(Sarasate)를 어떤 비평가가 천재라고 부른 적이 있었다. 그 말을 듣자 사라사테가 즉시 반격을 가했다.

"천재라고! 나는 지난 37년 동안 하루에 14시간씩 연습했다고. 그런 것은 생각하지 않고, 사람들은 나를 천재라고 부른다니까."

사라사테는 자기를 19세기 최고의 바이올린 연주자로 만든 것은 자기의 천재성이나 타고난 재능이 아니라는 점을 잘 알고 있었다. 그를 만든 것은 매일 쉬지 않고 꾸준히 연습하는 습관이었던 것이다.

재능이나 능력의 문제가 아니다.

분명히 토머스 에디슨은 천재였으며 뛰어난 능력을 지닌 발명가였다. 그러나 그는 자기 성공을 천재성이나 타고난 재능이 아니라 끊임없는 노력과 의지의 결과라고 말했다. 그는 이렇게 말하기도 했다.

"성공에 얼마나 가까이 다가가 있는지 깨닫지 못하고 포기하는 사람이 바로 실패자이다."

에디슨은 결코 포기하는 습관이 없었다. 뛰어난 재능과 함께 노력과 의지가 그에게 있었기 때문에 우리는 눈부신 전구의 혜택을 보게 된 것이다. 전구에 가장 적합한 재료를 찾기까지 그는 10,000번이나 실험을 시도했다. 다음에 전구를 켤 때는 토머스 에디슨의 재능이 아니라 절대 포기하지 않고 끊임없이 노력하는 그의 습관을 다시 한번 생각하도록 하라.

또한 인내와 노력의 습관은 위대한 농구 선수를 탄생시켰다. 래리 버드(Larry Bird)는 전설적인 농구 선수이다. 그를 가장 위대한 농구 선수라고 말하는 사람도 있다. 래리 버드가 뛰어난 농구 선수였음을 부정하는 사람은 아무도 없다. 또한 그가 타고난 운동선수가 아니었다는 사실을 부정하는 사람도 없다. 실제로 그는 선천적인 재능을 가진 선수가 아니었다. 그러나 래리 버드는 자기 한계를 극복하고 소속팀이었던 보스턴 셀틱스 (Boston Celtics)가 월드챔피언을 3회나 차지하게 했으며, 지금도 슈퍼스타의 지위를 유지하고 있다.

뛰어난 재능을 타고난 것도 아닌 그가 어떻게 해서 최고의 자리에 오를 수 있었을까? 정답은 바로 습관이다.

예를 들어 보자. 래리 버드는 NBA 역사 상 최고의 자유투 슈터였다. 그는 매일 아침 자유투를 500개씩 연습하고 나서 학교에 가는 습관이 있었다. 아침마다 이렇게 한다면 타고난 재능이나 능력이 없어도 누구나 최고의 자유투 슈터가 될 수 있을 것이다.

래리 버드는 자기 능력과 재능을 최고 수준으로 끌어올린 대표적인 예이다. NBA 선수 생활 내내 최고의 슈퍼스타로 활약할 수 있었던 것은 바로 그의 습관 때문이었다.

그렇다면 재능과 능력의 중요성은 어느 정도일까? 먼저 성공한 사람들이 성공할 수 있었던 이유를 살펴볼 필요가 있다. 시카고대학교의 벤자민 블룸(Benjamin Bloom)박사는 유명한 학자와 예술가, 운동선수를 대상으로 5년 동안 조사를 벌였다. 피아니스트, 테니스 선수, 올림픽 수영선수, 조각가, 수학자, 신경학자 등 분야별로 최고라 불리는 20명을 대상으로 실시한 면접조사였다. 또한 조사 대상자의 가족과 주변 인물과도 인터뷰를 실시해 보충자료로 활용했다.

블룸 조사팀은 이들의 성공 요인, 즉 평범한 사람과 구분되는 특성을 찾아내고자 했다. 블룸 박사의 연구결과에 따르면 성공을 이끈 중요한 요소는 타고난 재능이나 능력이 아니라 좌절과 실패에도 불구하고 끊임없이 노력하는 습관이었다.

진정한 차이는 바로 습관이다.

'기대 이하 성취자(underachiever)'라는 말을 들어본 적이 있는가? 지적 능력이나 재능이 뛰어나지만 기대 수준의 결과를 성취하지 못하는 사람을 의미한다. 잠재적 능력이 분명하게 있지만, 그 수준에 부합하는 성공을 거두지 못한 경우이다. 이와 달리 '기대 이상 성취자(overachiever)'가 있다. 잠재적 능력 수준 이상의 성취 또는 성공을 거두는 사람을 의미한다. 특별하게 지적 능력이나 재능이 뛰어나지 않지만 무슨 일을 하던 기대 이상의 성공을 거두는 경우이다.

기대 이하 성취자와 기대 이상 성취자의 차이는 무엇일까? 사람들은 흔히 기대 이하 성취자를 게으르다고 말하며, 기대 이상 성취자는 열심히 일한다고 생각한다. 하지만 게으름도 실제로는 나쁜 습관의 결과이다. 꾸물대기, 산만함, 철저하지 못한 시간 관리, 행동의 결여, 의지의 부족 등이 복합되어 나타난 결과이다. 마찬가지로 바람직한 생활 자세는 정리, 효율적 시간 관리, 강력한 의지, 신속한 처리 등 좋은 습관의 결과이다. 기대 이하 성취자와 기대 이상 성취자의 차이는 그들의 습관과 생활 태도를 살펴보면 쉽게 파악할 수 있다.

생활 태도를 유전적 특성의 결과라고 생각할지도 모른다. 좋은 생활 태도를 타고난 사람이 있고, 그렇지 못한 사람도 있다는 주장이다. 생활 태도는 미리 결정되어 있는 것으로, 부모로부터 물려받았다는 것이다. 이런 생각이 부분적으로 옳을지도 모른다. 어차피 모든 특성은 유전적이기 때문이다. 하지만 유전적 기질과 상관없이 생활 태도는 환경의 영향을 많이 받는다. 오래전부터 논쟁이 되어온 '천성과 교육(nature vs. nurture)' 같은 것이다.

우리 모두는 강력한 유전적 성향을 갖고 있으며, 이 성향은 교육과 경험, 환경에 의해 큰 영향을 받는다. 천성과 교육 가운데 어느 것이 더 큰 영향력을 발휘하는지는 언제나 논쟁 거리였다. 그러나 우리의 생활 태도를 결정하는 것은 강력한 습관 속에서 이뤄진 철저한 교육이라는 것만은 분명하다.

일란성 쌍둥이의 삶을 관찰하면 개인의 생활 태도와 습관의 관계를 알아볼 수 있다. 어렸을 때 헤어져 각기 다른 환경에서 자란 일란성 쌍둥이에 대한 이야기가 있다.

빌(Bill)과 제이(Jay)는 두 살 때 헤어졌다. 제이는 농가에서 자랐다. 그는 아침마다 일찍 일어나 집안일을 도와야 했다. 또한 식사 준비를 돕고 식탁을 치웠다. 저녁 식사 뒤에는 청소도 했다. 제이가 리틀 리그 생활을 하며 힘들어 할 때는 그의 아버지가 끝까지 노력하라고 용기를 주었다. 절대 비겁하게 포기하지 말라고 했다. 방과 후에 제이는 피아노를 30분씩 연습했고, 숙제를 다 마친 다음에야 놀러 나갈 수 있었다. 제이는 열심히 일해야 했고 그래야 인생을 보람 있게 사는 것이라고 믿으며 자랐다. 이 모든 것이 그의 생활 태도 전반에 스며들었다.

반면 제이의 쌍둥이 동생인 빌은 완전히 다른 환경에서 자랐다. 부모의 무관심 속에 방치되는 경우가 많았다. 집안일을 하지도 않았다. 열심히 일하는 것의 중요성을 말해 주는 사람은 아무도 없었다. 최선을 다해야 좋은 결과를 얻는다고 말해주는 사람도 없었다. 어른이 되어 만난 두 사람은 외모는 똑같았지만 생활 태도는 완전히 달랐다. 이들의 차이는 습관에서 유래한 것이라 할 수 있다.

좋은 습관은 좋은 결과를 낳는다.
나쁜 습관은 나쁜 결과를 낳는다.

나쁜 습관을 좋은 습관으로 바꾸었다고 생각해보자. 여러분이 얼마나 더 효과적이고, 효율적이고, 생산적으로 바뀔지 생각해보라.

성공한 모든 사람들, 이 세계의 모든 '실천가'들의 특징은 행동이다. 방향성 없는 무의미한 행동이 아니라 지속적이고 목적의식을 지닌 행동이다. 또한 성공한 사람들이 반드시 더 똑똑하고, 더 명석하며, 더 많이 일하고, 더 굳은 의지를 갖고 있는 것은 아니다. 성공한 사람들은 좋은 습관을 개발했으며, 보다 행동 지향적(action-oriented)이고, 더 많이 배우고, 더 효과적으로 커뮤니케이션하며, 더 효과적으로 일하는 생활을 하고 있다.

간단히 말해 성공한 사람들의 습관과 일상이 그들의 잠재력을 더 많이 발휘하도록 만들었던 것이다. 그렇다면 '실천가'들은 좋은 습관과 일상을 어떻게 지속시키며 목적의식을 가진 행동으로 전환할까?

우선 여러분이 갖고 있는 모든 나쁜 습관들을 정리해보자. 그리고 여러분이 갖고 싶어 하는 좋은 습관으로 바꾸어보자.

예를 들어, 다음과 같은 좋은 습관을 갖게 된다고 생각해보자.

- 항상 약속을 지킨다.
- 회의나 약속 시간에 절대 늦지 않는다.
- 전화 약속을 잊지 않는다.
- 동료, 고객, 가족과 커뮤니케이션을 더욱 효과적으로 한다.
- 예상 성과와 기대 수준을 명확하게 설정한다.
- 행정 업무를 신속하게 처리한다.
- 열심히 듣는다.
- 행동을 미루지 않는다.
- 인사를 나눈 다음에는 상대방의 이름을 기억한다.
- 다른 사람과 대화할 때는 반드시 상대의 눈을 바라본다.
- 건강에 좋은 음식을 매일 먹는다.
- 규칙적으로 운동한다.
- TV를 적게 본다.
- 책을 많이 읽는다.
- 매일 저녁에 가족과 함께 식사한다.
- 자기 감정을 통제한다.
- 매월 자기 수입에서 최소 10퍼센트는 자신을 위해 투자한다.
- 친구나 가족에게 주기적으로 전화를 하거나 편지를 쓴다.

이 모든 습관이 여러분의 인생을 어떻게 바꾸어 놓을지 생각해보라.

구체적 습관과 일반적 습관

구체적 습관(specific habits)은 중요하고 의미 있는 구체적인 효과를 낳는다.

예를 들어 다음과 같은 3가지 구체적 습관을 갖추었다고 생각해보자.

1. 관리 업무를 쌓아두지 않고 바로 처리한다.

2. 고객과 동료에게 약속한 일은 신속하게 처리한다.

3. 일단 자기에게 주어진 업무를 미루지 않는다.

위에서 말한 3가지 구체적 습관은 다음과 같은 구체적 결과로 이어진다.

1. 관리 업무가 지체되지 않는다.

2. 고객과 동료 모두 여러분이 제 시간에 일을 처리해줄 것이라고 믿는다.

3. 일을 신속하고 정확하게 처리하는 사람이라는 평판을 듣기 시작한다.

이와 같은 구체적인 결과는 누구나 예상할 수 있는 것이다. 하지만 더 크고 중요한 결과도 나타난다. 여러분 인생의 모든 영역에서 지체되는 부분이 사라지기 시작한다. 보다 체계적으로 정리된다. 더욱 효율적인 사람이 되기 시작한다. 그리고 하고 싶은 일을 할 수 있는 시간을 더 많이 갖게 된다.

좋은 습관을 갖게 되면 이렇게 된다. 구체적인 습관의 구체적인 결과는 보다 일반적인 습관(broader more general habits)으로 이어지면서 더 큰 의미를 지닌 큰 결과를 낳게 된다. 이러한 일반적 결과는 다소 미묘한 것이어서 쉽게 예측되지 않기도 하지만, 우리의 삶에 더 큰 영향을 준다.

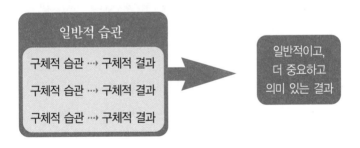

나쁜 습관을 없애고 좋은 습관을 갖게 되었을 때 얻을 수 있는 혜택은 상상할 수 없을 정도로 크고 많다. 그러나 이것만은 분명하다. 여러분의 습관이 궁극적으로 성공의 수준을 결정한다는 것이다. 다시 한번 강조하지만 좋은 습관은 좋은 결과를 낳는다. 나쁜 습관은 나쁜 결과를 낳는다.

더 먹음직스러운 풀이 저 편에 있는 데도 담장을 뛰어넘지 못하는 이유는 무엇일까?

> "많은 사람이 사고와 행동, 결과의 제약을 받고 있다. 그들은 스스로 정한 한계를 절대로 벗어나려 하지 않는다."
>
> — 존 C. 맥스웰(John C. Maxwell)

습관이 여러분의 발목을 붙잡고 있지는 않은가?

어렸을 때 나는 삼촌의 농장에서 놀기를 즐겼다. 뛰고 노는 데 그만한 곳이 없었던 것이다. 하지만 언제나 즐거움과 놀이만 있는 것은 아니었다.

나는 그곳에서 농사와 생명에 대해 많은 것을 배웠다. 특히 어느 날 아침 산책을 하다가 얻은 교훈은 평생 동안 잊혀지지 않는다.

삼촌과 나는 소가 도망치지 못하게 만든 전기 철조망 가까이 다가갔다. 어떻게 넘을지 걱정되었다. 그런데 놀랍게도 삼촌은 철조망 윗부분을 누르더니 훌쩍 뛰어넘었다. 삼촌은 어떻게 감전되지 않았을까? 삼촌이 따라 하라며 천천히 가르쳐 주었지만 선뜻 그렇게 할 수 없었다. 전기가 흐르고 있으니 만지지 말라는 경고문이 바로 옆에 있었기 때문이다.

그런 나를 보고 삼촌이 설명했다. 항상 전기가 흐르는 것은 아니라고 했다. 가축들이 가까이 왔다가 전기 충격을 받고 물러나는 경험을 하게 되면 다음부터는 담장 가까이 다가왔다가도 멈추고 만다는 것이다.

담장 너머에 있는 풀은 더 크고 싱싱했다. 소들이 담장 안쪽에서 뜯어먹는 풀과 비교하면 더 맛있어 보였다. 하지만 소들은 과거의 경험 때문에 담장 가까이 다가가지도 못하고 물러서는 습관이 생겼다.

"과거는 우리의 가능성이 아니다."

— 매릴린 퍼거슨(Marilyn Ferguson)

스스로 정한 한계는 우리의 삶에서 하나의 습관이 되어 잠재력을 충분히 발휘하지 못하게 만든다. 나쁜 습관을 고치고 좋은 습관을 가지면 전기가 통하지 않는 담장을 뛰어 넘을 수 있다. 과거의 경험 때문에 미래를 제한하지 마라. 습관을 바꾸는 것이 바로 열쇠이다.

4

일상의 모습이 바로 자기이다

일상(routine) - 1. 정해진 순서에 따라 주기적으로 반복하는 행동 또는 표준 절차. 2. 습관적이고 때로는 기계적으로 수행하는 절차 또는 행위.

– 아메리칸헤리티지사전(The American Heritage Dictionary)

"일상을 바꾸기 전에는 삶을 변화시킬 수 없다.
성공의 비밀은 자기 일상에 있다."

– 존 C. 맥스웰(John C. Maxwell)

일상(日常)의 모습이 바로 여러분 자신이다. 아주 간단하다. 더 좋아지던지, 더 나빠지던지, 아니면 그대로 있던지, 이 모든 것이 여러분 일상에 달려 있다. 일상이 그렇게 중요하다. 여러분은 습관(habit)과 일상(routine)의 차이가 무엇이냐고 물을지도 모른다. 흔히 같은 의미로 사용된다. 하지만 분명히 차이가 있다. 습관의 총합이자 결과가 바로 일상이다. 달리 말하면 매일 여러분이 행동하는 모든 습관이 여러분의 일상을 결정한다.

인생에서 일상의 중요성은 아무리 강조해도 부족하다. 앞에서도 설명했지만, 성공한 사람들의 공통분모는 바로 좋은 습관을 바탕으로 한 일상생활이다. 우리 모두 자기 습관을 선택할 수 있는 능력을 갖고 있다. 우리 모두는 목적의식을 갖고 습관을 바꿔 더 큰 성공을 보장하는 일상을 만들 수 있다.

"천재라고? 그런 것은 결코 존재하지 않는다. 다만 열심히 노력하는 것뿐이다. 그것이 방법이다. 그저 끊임없이 계획하고 실천하는 것이다."

아우구스트 로댕

선택은 여러분의 몫이다.

목적의식을 가진 삶을 살아가기

> "우리는 구속된 인생을 살고 있지만, 자기가 열쇠를 갖고 있다는 사실조차도 모르고 있다."
>
> 이글스(The Eagles) – "올레디 곤(Already Gone)"이라는 노래에서

꿈꾸는 사람과 실천하는 사람의 이야기로 다시 돌아가자. 실천가에게는 인생이 우연이 아니다. 실천가는 자기 삶을 스스로 선택한다. 실천가는 목적의식을 갖고 자기 삶을 살아간다. 때때로 인생은 우리의 통제 범위를 벗어나는 예상치 못한 상황으로 우리를 몰아가기도 한다. 우리 모두는 이런 사실을 잘 알고 있다.

내가 가장 좋아하는 조크가 있다.

"어떻게 하면 신을 웃게 만들 수 있을까? 신에게 여러분의 계획을 말해 보아라."

우리는 자기에게 닥치는 모든 일들을 통제할 수 없다. 사실

51

우리가 실제로 통제할 수 있는 유일한 부분은 우리가 매일 하는 일들이다.

우리는 매일 생활하며 행동을 선택한다. 우리는 일상생활을 선택한다. 그러나 문제는 우리가 선택하지 않기로 선택하는 경우가 너무 많다는 것이다. 우리가 매일 하는 행동의 거의 90퍼센트는 습관에 의한 것이다. 우리의 행동은 무의식 속에 미리 프로그램 되어 있다. 우리가 하는 선택의 90퍼센트는 이미 결정되어 프로그램에 기록되어 있다. 우리 모두는 프로그램(습관)을 바꿀 수 있는 힘을 갖고 있지만, 선택할 수 있는 힘이 자기에게 있다는 사실을 깨닫지 못하는 경우가 많다. 선택이 우리의 삶에 미치는 영향을 인식하지 못한다.

우리는 습관을 선택할 수 있으며, 목적의식을 갖고 우리의 일상을 만들 수 있다. 선택의 결과는 엄청나다. 의식은 무의식을 훈련시킬 수 있는 능력을 갖고 있다. 그러므로 무의식적으로 나쁜 일상이 더 많이 형성되도록 내버려두지 말고, 의식적으로 새롭고 좋은 일상을 만들겠다는 결심을 해야 한다.

이것이 바로 목적의식을 갖고 살아가는 삶의 핵심이다. 여러분의 습관, 일상, 인생에 대한 통제권을 획득해야 한다.

2장에 있는 '나는 누구인가?'의 마지막 구절을 다시 생각해 보자.

나를 잡아 길들이고 훈련시키고 단호하게 통제하면, 나는 당신의 발밑에 이 세상을 바칠 것이다. 그렇지 않으면 내가 당신을 파괴할 것이다.

나는 누구인가?

나는 습관이다.

인생(人生)

"인생의 커다란 목적은 지식이 아니라 행동이다."

- 토마스 H. 헉슬리

영국의 사상가 칼라일도 '인생의 목적은 행위이지 사상이 아니다.'라고 그의 명저 《영웅숭배론》에서 기술하고 있다.

또한 '사람은 일하기 위해 창조된 것이지 명상하거나 꿈꾸기 위한 것은 아니다.'라고 덧붙이고 있다.

두 사람 다 '생각하기보다 먼저 실천하라'고 행동을 중요하게 여기고 있다.

헉슬리는 다윈의 진화론에 찬동한 생물학자로서 과학적으로 인간을 분석하고 비판하는 한편, 인간의 확실한 진보를 이루기 위한 과학적, 또는 사회적 분야에 헌신한 사람임을 참고로 밝혀둔다.

5

전 환

꿈꾸는 사람에서 실천하는 사람으로

"하나의 새로운 습관이 우리가 전혀 알지 못하는 우리 내부의 낯선 것을 일깨울 수 있다."

- 생텍쥐페리(Antoine de Saint-Exupery)

"여러분이 싫어하는 것을 매일 꾸준히 하라."

- 존 C. 맥스웰(John C. Maxwell)

여러분이 꿈꾸는 사람에서 실천하는 사람으로 전환하기 위한 첫 단계는 '싫어하는 것을 매일 꾸준히 하는' 것이다. 이 충고가 비논리적으로 들릴지도 모르겠다. 바보스럽거나 심지어 자기학대적인 냄새도 풍긴다. 하지만 잘 생각해보면 이 말의 의미를 이해할 수 있을 것이다.

간단히 설명하면 이렇다. 나는 달리기를 아주 좋아한다. 매일 5km씩 달린다. 비가 오나 눈이 오나 달린다. 아침마다 최소한 5km를 달린다. 하지만 예전에는 그렇지 않았다.

일찍 일어나기를 아주 싫어했다. 아침이면 항상 전쟁이었다. 마지막까지 버티다가 할 수 없이 침대에서 일어나고는 했다. 또한 달리기도 아주 싫어했다. 특히 달리기는 어렵고 지루하고 힘들었다. 매일 아침 일찍 일어나 달리기를 한다는 것은 나와는 전혀 상관없는 것이었다. 그런 내가 어떻게 현재의 모습으로 다시 태어날 수 있었을까?

그 대답은 나의 삶을 영원히 바꾸어 놓았던 할아버지의 조언에서 시작된다. 할아버지는 '실천가'가 되기 위해서는 자기통제가 필요하다고 말씀하셨다. 무슨 일을 하더라도 나 자신을 통제하지 못하면 잠재력을 충분히 발휘할 수 없다고 말씀하셨다. 이것이 할아버지가 말씀하신 '꿈꾸는 사람'과 '실천하는 사람'의 교훈에서 얻을 수 있는 핵심이었다.

자기 통제, 이것이 열쇠였다. 할아버지는 마크 트웨인(Mark Twain)의 말을 실천으로 옮기면 자기 통제 능력을 키울 수 있다고 하셨다.

"하고 싶지 않은 일을 매일 하도록 해라. 이것이 바로 고통 없이 자기 의무를 수행하는 습관을 갖는 황금률이다."

할아버지는 이 과정을 '연습과 훈련'이라고 불렀으며, 한 달 동안 매일 이렇게 한다면 나 자신을 실천가로 바꿀 수 있을 것이라고 하셨다. 나는 할아버지의 충고를 따르기로 했다. 아침마다 일찍 일어나 달리기를 하기로 결심했다. '연습과 훈련'을 하기로 했던 것이다.

고역이었다. 달리기는 아주 싫어했지만 나 자신에게 좋다는 점은 인정했다. 당시 나의 몸 상태는 너무나 엉망이어서 40야드 떨어진 곳까지 뛰어갔다 오는 것도 힘들었다. 심혈관계(心血關係)를 튼튼하게 만드는데 도움이 되는 운동이 절대적으로 필요했다. 하지만 달리기는 죽어도 싫었다. 결국 하고 싶지 않은 것을 매일 하는 것으로 달리기를 선택했다.

변화는 천천히 시작되었다.

일찍 일어나기가 죽도록 싫었다. 달리기는 아주 고통스러웠다. 조금만 달려도 완전히 지쳐 숨을 헐떡였다. 연습과 훈련이 나에게는 효과가 없는 것 같았다. 하지만 한 달 동안 계속했다.

그리고 뭔가 이상한 변화가 나타나기 시작했다.

신체 상태가 조금씩 개선되기 시작했으며 달리기가 훨씬 수월해졌다. 아침 일찍 일어나는 것도 힘들지 않게 되었다. 한 달이 지나자 달리기는 더 이상 고역이 아니었다. 여전히 어렵고 힘들기는 했지만 참을 수 있었다. 하루를 시작하는 시간이 조금씩 빨라졌으며, 즐거운 마음으로 일어나 달리게 되었다. 그리고 일찍 일어나 달리는 것을 즐기기 시작했다.

이 순간에 이르자 아침마다 일어나 달리는 것이 전혀 힘들지 않았다. 습관이 되었으며 일상생활의 일부가 되었다. 나 자신을 억지로 달리게 할 필요가 없었다. 아침이면 자연스럽게 일어나 달린다.

연습과 훈련은 자기 통제력을 키우는 핵심 요소이다. 자기 통제는 여러분의 잠재력을 최대한 발휘하는데 필수적인 핵심 요소이다.

자기 통제는 그 자체로 큰 가치를 지녔을 뿐만 아니라, 모든 다른 가치가 그것에서 원칙적인 빛을 발산한다."

- 아담 스미스(Adam Smith)

"자신을 완벽하게 통제할 수 있다면 다른 모든 것은 손쉽게 통제할 수 있다. 자신에 대한 승리는 완벽한 승리이다."

- 토마스 켐피스(Thomas Kempis)

"가장 위대한 힘이자 자산이 자기 통제이다."

- 피타고라스(Pythagoras)

자기 통제는 아주 중요하다. 자신을 통제하지 못하면 인생을 변화시키고 잠재력을 충분히 발휘할 가능성이 거의 없다. 에베레스트 정상을 처음으로 정복했던 뉴질랜드의 힐러리 경(Sir Edmund Hillary)은 자기 통제의 중요성을 보여 주는 대표적인 인물이다. 해발 8,848 미터의 에베레스트 정상까지는 육체적·

정신적 피로와 저체온증, 탈수증, 눈사태가 기다리고 있는 험난한 과정이었다. 이전까지 에베레스트 정복을 시도했던 모든 사람들이 실패했다. 하지만 힐러리 경은 성공했다.

에베레스트를 정복할 수 있었던 이유를 묻자, 그는 이렇게 대답했다.

"내가 정복한 것은 산이 아니라 나 자신이다."

의지, 자제력, 자기 관리 등 그것을 무엇이라고 부르던지 싫어하는 것을 매일 반복함으로써 자기를 정복할 수 있다.

자기 통제의 중요성과 그 효과는 얼핏 생각해도 너무나 당연한 것 같다. 하지만 좀더 자세하게 살펴볼 가치가 있다. 매일 달리기를 하는 '연습과 훈련' 과정에서 나는 자신감, 의지, 인내, 집중, 효율성, 자기 신뢰, 자부심을 키웠다. 또한 목표 설정과 목표 달성 기술을 연마했으며, 계획과 실행 능력을 키웠다. 이 모든 것이 목적의식을 가진 습관을 만들고 일상생활을 변화시키는데 필수적인 기술이다. 자기 통제가 얼마나 중요한지를 보여주는 또 다른 사례를 테디 루즈벨트(Teddy Roosevelt)의 삶에서 찾아볼 수 있다.

테디 루즈벨트는 자기 통제의 중요성을 정확히 인식하고 있었다. 실제로 그는 자신을 '스스로 만든 사람(self-made man)'이라고 부르곤 했다. 루즈벨트는 미국 역사상 육체적으로 가장 건강하고 정신적으로 가장 단호한 지도자로 인식되고 있다. 하지만 그가 처음부터 그랬던 것은 아니다. 어린 시절 루즈벨트는 천식이 너무 심해 침대 옆에 있는 촛불도 끄지 못했다.

어린 시절을 회상하며 루즈벨트는 자기 자신을 '병약하고 허약한 소년'이자 '불쌍한 꼬마'였다고 표현했다. 눈도 좋지 않았고 말라깽이였으며 건강 상태가 너무나 좋지 않아 그의 부모도 루즈벨트가 오래 살지 못할 것이라고 생각했다. 하지만 그는 건강하게 살아남았다.

루즈벨트는 이렇게 설명했다.

"항상 병을 달고 다니던 연약한 아이였던 나는 나 자신의 힘으로 건강한 청년이 되었다. 단순히 나의 몸이 아니라 영혼과 정신을 훈련시켰다. 고통스럽고 힘든 과정이었다."

루즈벨트는 자기가 원하는 사람이 되려면 연습과 훈련을 해야 한다는 사실을 이해했다. 제임스 M. 스톡(James M. Stock)은 《루즈벨트 전기(Theodore Roosevelt on Leadership)》에서 자기 통제력을 키우기 위한 루즈벨트의 노력을 이렇게 묘사했다.

"자기 자신을 통제하기 위해 테디 루즈벨트는 아버지의 가르침을 그대로 따랐다. '먼저 몸을 만들어야 한다.' 정체되어 있을 수 없다. 자기 통제를 위한 지속적인 싸움에서 나태는 우리를 패배로 이끈다."

저널리스트인 헨리 루터 스토다드(Henry Luther Stoddard)는 루즈벨트와의 대화를 이렇게 정리했다.

"사람들은 인생의 수많은 전투에 대해 이야기한다. 하지만 내가 겪은 가장 힘든 전투는 아무도 알지 못하는 것이다. 그것은 바로 나 자신에 대한 통제권을 차지하기 위한 전투였다."

루즈벨트는 또한 자기 통제를 위한 전투를 이렇게 묘사했다.

"치열한 노력을 통해서만 얻을 수 있다. 수없이 반복하여 연습해야 자신을 완벽하게 통제할 수 있다. 이것은 일종의 습관이다. 반복적인 노력과 반복적인 의지의 훈련을 통해 얻는 습관이다."

루즈벨트가 획득한 자기 통제의 증거를 그의 삶과 일상생활 전체에 걸쳐 쉽게 찾아볼 수 있다. 대통령이 되어서도 그는 연습과 훈련을 계속했다. 백악관 생활에 대해 루즈벨트는 이렇게 말했다.

"오후에 두 시간 정도는 항상 운동을 하려고 노력했다. 테니스를 할 때도 있었고, 승마를 하거나 힘든 크로스컨트리 경기를 하기도 했다."

친구에게 보낸 편지에서 그는 백악관 생활을 이렇게 적었다.

"오늘 아침에만 백악관 연회장에서 6천 명과 악수했다. 오후에는 아이 넷과 조카와 친구 십여 명과 함께 두 시간 정도 승마를 했다. 장애물을 뛰어넘고 숲을 달리기도 했다."

루즈벨트는 시간 낭비를 아주 싫어했다. 자투리 시간이 있으면 책을 읽거나 친구에게 편지를 썼다. 루즈벨트는 행동으로 보여 주는 사람이었으며, 생각만 하기보다는 직접 참여하는 경향이 강했다. 야구 경기 초대를 거절하면서 그 이유를 이렇게 설명하기도 했다.

"2시간 반 동안 다른 사람이 하는 것을 그냥 구경만 하고 싶지 않다."

친구들은 루즈벨트를 단호하고 고집이 세며 무슨 일이건 맡은 일을 완벽하게 해내는 사람이라고 표현했다. 이 모든 것이 그의 자기 통제에서 나온 것이다.

루즈벨트의 친구와 동료들은 루즈벨트의 자기 통제력을 높이 평가했다. 루즈벨트의 복싱 스파링 파트너였던 사람은 루즈벨트를 타고난 운동선수가 아니라 '만들어진(manufactured)' 선수라고 표현했다. 역사학자인 엘팅 모리슨(Elting Morison)은 이렇게 적었다.

"그의 인생 전체에 걸쳐 놀라울 정도의 결단력이 돋보인다. 그가 보여 준 에너지와 재능은 타고난 것이 아니었다. 오랜 세월에 걸쳐 놀랍도록 지속적인 노력을 통해 갖추어진 것이다."

루즈벨트가 어릴 때부터 육체적으로 튼튼하고 정신적으로

강인한 사람이 아니었다는 사실을 다시 한번 강조할 필요가 있다. 자기 통제를 통해 그는 강인한 사람이 되었다. 그렇다면 테오도르 루즈벨트는 무엇을 성취했을까? 그는 자기 자신을 어떤 종류의 사람으로 만들었을까? 자기 통제의 결과는 무엇이었을까?

- 미국 26대 대통령
- 미국 역사상 최연소 대통령
- 미국 역사상 최연소 부통령
- 수많은 공직에 선출
- 해군 차관
- 미국–스페인 전쟁 발발 시에 의용군 조직
- 명예 훈장
- 노벨 평화상 수상
- 협상을 통해 여러 국제 분쟁을 종식시키고 평화 조약을 체결하게 만든 위대한 외교관
- 파나마 운하 건설에 주도적 역할
- 최다 악수 분야의 기네스 세계 기록 보유(논스톱으로 8,150회)
- 군인으로서의 건강 상태 입증을 위해 말을 타고 100마일 완주
- 가슴 부위에 총상을 입고도 90분간 연설을 하고 난 다음에 병원으

로 이송

- 현대적 의미의 대통령 역할 규정(독점 혁파, 압력 정책 추진, 정책의 정당

  성을 주장할 수 있는 공직으로서의 대통령 입지 구축)

- 아메리카역사협회 회장

- 30권 이상의 책 저술

- NCAA 설립자

- 국립공원제도(National Park System) 설립

- 국립산림서비스(National Forest Service) 설립

- 최초의 연방 사냥 보호 지역 설치

- 최초의 연방 조류 보호 지역 설치

- 그랜드캐니언을 포함해 18개 국가 기념물 최초 지정

스스로를 '심약하고 불쌍한 영혼'이라고 불렸던 사람의 업적치고는 굉장하다. 이 모든 것이 자기 통제의 산물이었다.

효율적이고 단호하며 끈질기고 열정적인 사람이 되어 자기 잠재력을 최대한 발휘하기 위해서는, 자기 통제를 통해 꿈꾸는 사람에서 실천하는 사람으로 변화되어야 한다. 연습과 훈련을 통해 자기 통제를 확보하면 목적의식을 가진 좋은 습관을 키우는 능력을 갖게 된다. 목적의식을 지닌 좋은 습관을 갖고 생산적인 일상생활을 하는 것은 다음 단계이다.

매일 할 수 있는 것의 선택

나 자신에 대한 통제권을 갖기 위해 나는 아침마다 달리기를 선택했다. 테디 루즈벨트는 다양한 육체적 활동과 운동을 선택했다. 어떤 것을 선택하던 문제되지 않는다. 다만 자기 자신이 반드시 하도록 만들어야 한다. 또한 매일 할 수 있는 것이어야 한다. 그리고 바람직한 효과를 낳는 것이어야 한다. (예를 들어 운동은 육체적 건강, 활력, 자신감, 인지 기능 개선 등 다양한 효과가 있다.)

달리기, 웨이트 트레이닝, 수영, 자전거타기, 걷기, 에어로빅, 요가, 격투기 등 어떤 것이던지 상관없다. 생각할 수 있는 모든 것이 다 가능하다. 하지만 반드시 운동이나 신체 활동이어야 할 필요는 없다. 악기 연주나 독서, 글쓰기, 편지나 이메일도 가능하다. 행위 자체가 중요한 것이 아니다. 그 행위의 지속성이 중요하다. 싫어하는 어떤 것을 지속적으로 매일 함으로써 얻는 자기 수양, 의지, 인내가 바로 자기 통제로 이어진다.

이제 시간을 갖고 생각해보자. 그리고 여러분이 매일 할 수 있는 것을 찾아 적어보자.

2부 · Part Two

습관의 변화

The
POWER of
HABIT

6

습관과 일상의 형성

자기 조사

현재 나는 누구인가? 나는 어떤 사람이 되고 싶은가?

어떤 습관이 여러분의 발목을 잡고 있는가?
그 습관을 정확히 인식하고 있는가?

바람직한 습관과 생산적인 일상을 만드는 첫 단계는 자기 조사(self-examination)이다. 먼저 갖고 싶은 좋은 습관과 고치고 싶은 나쁜 습관을 찾아낸다.

함께 일하거나 가까이 있으면서 우리가 인식하지 못하는 나쁜 습관을 찾아내는데 도움이 될 수 있는 사람과 함께 조사 작업을 실시한다. 너무나 당연한 말이다. 이렇게 강조하여 말할 필요조차 없을 수도 있다. 하지만 분명히 중요한 의미가 있고 강조해야 하는 단계이다.

> "다른 사람의 습관만큼 고쳐야 할 것은 아무것도 없다."
>
> — 마크 트웨인(Mark Twain)
>
> "자아(自我)에 대한 인식은 자기 발전의 시작이다."
>
> — 스페인 속담(Spanish proverb)

성공을 가로막는 많은 습관들을 우리는 잘 알고 있다. 하지만 정확히 찾아내기 어려운 습관들도 있다. 우리는 가끔 성공을 가로막고 발전을 방해하는 습관들을 깨닫지 못하는 경우도 있다.

올리버 웬델 홈즈(Oliver Wendell Holmes)가 지적했듯이, "우리 모두는 빤한 것에 대한 교육을 받을 필요가 있다." 다음의 이야기를 한번 생각해보자.

내가 어렸을 때 사우스웨스트 인디애나의 작은 마을에 서커스가 찾아오면, 천막이 세워지는 것을 구경하기 위해 마을 사람들이 모여 들고는 했다. 형과 나도 사람들과 함께 구경했는데, 특히 거대한 코끼리가 엄청나게 큰 기둥을 들어 올리며 천막을 치는 모습은 인상적이었다.

그날 밤, 우리는 높게 처진 천막 안에서 서커스를 구경했다. 형과 나는 코끼리가 작은 나무 기둥에 묶인 상태로 얌전하게 있는 모습을 보았다.

"아빠, 저 코끼리는 기둥을 뽑아버리고 도망갈 수도 있는데 왜 저렇게 가만히 있어요?"

형이 아빠에게 물었다. 아버지도 그 이유를 알 수 없어 코끼리 조련사에게 다가가 물었다.

코끼리 조련사의 설명에 따르면 힘이 그렇게 강하지 못한 어린 시절에 코끼리를 절대 움직이지 못하는 쇠기둥에 아주 튼튼한 쇠사슬로 묶어둔다고 한다. 어린 코끼리는 매일 도망치려고 애를 쓰지만 아무 소용이 없다. 코끼리는 아무리 도망치려고 해도 기둥은 꼼짝도 하지 않으며 사슬도 끊어지지 않는다는 사실을 점점 깨닫게 된다. 결국 코끼리는 도망치려는 생각을 포기하고 만다. 이 시점부터 코끼리는 도망치려는 습관을 버리고 순응하는 습관을 갖게 된다. 이 습관이 계속 반복되면 마침내

어른 코끼리가 되어서 아무리 작은 기둥에 묶여 있어도 도망칠 수 없다고 믿는다.

사람도 역시 이 코끼리처럼 행동하도록 '훈련(trained)' 또는 '적응(conditioned)' 된다. 사고와 행동의 낡은 습관때문에 제약을 받는다. 그렇게 되면 사람들은 자기도 모르는 사이에 스스로 정한 한계를 벗어나지 못한다.

우리는 때때로 자기 앞길을 가로막고 있는 나쁜 습관과 잠재력을 최대한 발휘하게 도와주는 좋은 습관을 일부 찾아낼 수 있다. 하지만 모두 찾아낼 수는 없다. 심지어 자기 앞길을 가로막고 있는 나쁜 습관이 있어도 깨닫지 못하는 경우가 종종 있다. 이것이 바로 철저한 자기 인식이 필요한 이유이다.

자기 인식(self-awareness)이란 자기에 대한 다른 사람의 생각을 객관적으로 파악하는 것이다. 자기 인식 수준이 높아지면 높아질수록 자기에 대한 다른 사람의 생각을 보다 정확히 알 수 있다.

우리는 다른 사람들이 자기를 이렇게 본다고 생각할 때 실제로는 완전히 다른 방식으로 자기를 평가하고 있을 수 있다. 오스왈드 챔버스(Oswald Chambers)는 이러한 자기 인식의 결여가 바람직하지는 않지만 보편적이라고 보았다.

"우리는 자기 자신을 진실로 알지 못한다. 자기를 잘 알고 있다는 생각부터 버려야 한다."

일례로 샐리(Sally)의 경우를 생각해보자. 샐리는 제약회사의 세일즈 매니저이다. 그녀는 자기 능력이 굉장히 뛰어나고 비전을 가진 리더라고 생각했다. 커뮤니케이션 기술도 뛰어나 부하 직원들이 자기를 믿고 따르며 필요할 때면 언제나 도움을 청한다고 생각했다. 하지만 현실은 그렇지 않았다. 부하 직원들은 그녀에게 도움을 청하거나 물어보는 것을 아주 싫어했다. 그녀의 커뮤니케이션 기술이 아주 형편없다고 생각했다. 또한 책임을 지지 않으려고 하며, 부하 직원을 믿고 일을 맡기지도 않는다며 불평하고 있었다. 심지어 업무 실적이 아무리 뛰어나도 좋은 평가를 주지 않는다는 불만이 팽배했다. 많은 부하 직원들이 불만을 토로했다.

"우리가 뭘 하고 있는지 모르겠어."

샐리에 대한 다른 사람들의 평가는 샐리 자신의 생각과는 완전히 달랐다. 다른 사람들이 그녀를 어떻게 생각하고 있는지 전혀 신경 쓰지 않았다는 의미가 아니다. 그녀는 자기가 잘 알고 있다고 생각했으며, 더구나 자기에게 문제가 있으면 사람들이 자기에게 그 부분을 지적해줄 것이라고 믿고 있었다는 것이다.

하지만 샐리에게 문제가 있어도 부하 직원이나 동료들은 그녀에게 아무 이야기도 하지 않았다. 샐리는 다른 사람들이 실제로 자기를 어떻게 생각하는지 전혀 몰랐던 것이다.

그런 어느 날, 회사에서 '360도 피드백(feedback)'이라는 새로운 프로그램을 추진했으며, 샐리는 이 프로그램을 통해 자기의 참 모습을 발견하게 되었다. 이 '360도 피드백' 프로그램이란 같이 일하는 사람들이 특정인에 대한 생각을 익명으로 솔직하게 밝히는 것을 말한다. 이 프로그램을 통해 다른 사람들이 자기를 어떻게 생각하고 있는지 정확하게 파악할 수 있다. 또한 자기의 장점과 약점을 정확히 인식할 수 있다. 자기의 잘못된 행동(나쁜 습관)을 파악한 샐리는 변화를 시작했다. 자기에게 고쳐야 할 나쁜 습관이 있다는 사실을 인식하는 것이 변화의 첫 단계이다.

익명으로 조사할 수 있는 방법이 많이 있다. '360도 피드백'은 사람들의 잠재력 발휘에 방해가 되는 나쁜 습관을 찾아내는 방법으로서 기업들이 가장 많이 사용하고 있는 프로그램 가운데 하나이다. 회사별로 이와 같은 피드백 프로그램이 있는지 찾아보는 것도 도움이 된다. 익명의 피드백 조사 프로그램이 없다면 자기의 나쁜 특성을 찾아내는데 도움이 되는 사람이 조사하는 방법도 활용할 수 있다.

대표적인 자가 조사 방법으로는 HBDP(Herrmann Brain

Dominance Profile), DiSC 프로그램, MBPI(Meyers Briggs Personality Inventory) 등이 있다. 또한 동료와 가족을 통해 자기 문제점을 파악하는데 필요한 정보를 얻을 수도 있다. 약간 조심스러운 반응을 얻기는 하겠지만, 자기에 대한 다른 사람의 생각을 알아서 자기의 좋지 않은 부분을 파악하는데 도움이 된다. 자기 자신에 대해 가능한 많은 정보를 확보해야만 진정한 자기 인식을 시작할 수 있다.

자가 조사 관련 정보를 얻을 수 있는 웹사이트 주소를 일부 정리하면 다음과 같다.

성격 검사

www.prep-profiles.com/docs/samplereport.html

www.interviewwww.stehouwer.com/Selectyourtest.html

www.interviewtech.com/drakeipmsystemfaq.asp

www.profilesrus.com

www.eliteweb.com/proteam/of.htm

www.competitiveedgeinc.com/Products.html

www.daltonalliances.com/assessment.asp

humanresources.about.com/cs/personalitytests/

피드백 프로그램

www.360-degreefeedback.com

www.allpointsfeedback.com

www.panoramicfeedback.com

www.halogensoftware.com/products/index.php

www.entegrys.com

www.nefried.com/360

www.3dgroup.net/page25.html

resourcesunlimited.com/feedback.asp

www.organizedchange.com/Excite/360degreefeedback.htm

www.craftsystems.com/csnew/360.htm

www.feedback360.net

www.ifeedbackonline.com/360-degree-surveys.htm

(* 역자주−미국 사이트 입니다.)

자가 조사 결과

이제 시간을 갖고 생각해보자. 자기의 나쁜 습관과 자기가 바라는 좋은 습관을 적어보자.

나쁜 습관

바리는 좋은 습관

없애는 것이 아니라 바꾸는 것이다.

> "하나의 습관이 다른 습관을 정복한다."
>
> - 토마스 켐피스(Thomas Kempis)

갖고 싶은 좋은 습관과 고치고 싶은 나쁜 습관을 파악한 다음에는 습관을 바꾸는 방법을 이해하는 것이 중요하다. 습관은 버리기 어렵다는 말이 있다. 하지만 이 말은 적절하지 않다. 습관은 버려지지 않는다. 다른 것으로 교체된다. 달리 말하면 나쁜 습관을 없애는 것이 아니라 좋은 습관으로 바꾸는 것이다. 이것이 중요한 차이이다. 나쁜 습관을 고치고자 한다면 그 나쁜 습관을 어떤 습관으로 바꾸려고 하는지 신중하게 생각해야 한다.

담배를 피우던 사람이 굳은 결심을 하고 담배 피우는 습관은 없앴지만 대신 먹는 습관을 갖게 되는 경우가 있다. 매일 과식을 하여 체중이 부쩍 늘게 된다. 흡연을 중단한 사람에게 이런 현상이 나타나는 이유에 대한 설명이 몇 가지 있지만 분명한 것은 어떤 한 습관을 중단하면 진공 상태가 발생되면서 다른 것으로 채워지게 된다. 그러므로 나쁜 습관이 다른 나쁜 습관으로 대체되지 않도록 하기 위해서는 갖고 싶은 새로운 습관을 신중하게 생각해서 선택해야 한다.

최근에 캐나다로 낚시 여행을 떠났다가 습관 선택의 중요성을 다시 한번 깨달았다. 7월인데도 아침 공기가 차가워 코트를 입어야 했다. 낚시 여행을 간 그 지역에는 계절이 단 두 개만 있다고 했다. 겨울과 7월만 있다는 것이다.

이 외진 시골길이 여름에 녹으면 길은 진창이 된다. 자동차가 지나가면 길에 깊은 골이 파인다. 곧 겨울이 오고 땅이 단단하게 언다. 여름에 파인 자동차 바퀴 자국 때문에 자동차를 몰고 가기가 아주 힘들다. 겨울에 자동차를 몰고 이 지역에 들어오면 이런 경고문을 볼 수 있다.

"바퀴 자국을 신중하게 선택하여 운전하십시오. 한번 선택한 바퀴 자국을 앞으로 20마일은 계속 따라 가야 합니다."

습관은 이 바퀴 자국과 같다. 습관은 인생의 방향을 결정한다. 성공의 길일 수도 있고 실패의 길일 수도 있다. 그리고 일단 선택된 습관은 아주 오랫동안 지속된다. 그러므로 자기 인생을 결정하는 습관을 신중하게 선택해야 한다.

또한 나쁜 습관을 대체할 새로운 습관을 목적의식을 갖고 선택한다면 나쁜 습관을 고치기가 훨씬 쉽다. 씹는담배를 즐기는 습관을 생각해보자. 다양한 방법을 활용해 이 습관을 고친 친구가 있다. 담배 씹는 습관을 해바라기 씨를 씹는 습관으로 대체했다. 무엇인가를 씹고 싶은 욕구가 생길 때마다 그 친구는 해바라기 씨를 씹었다. 이제는 해바라기 씨도 씹지 않는 상태에 도달했다. 물론 이렇게 되기까지 아주 오랫동안 해바라기 씨를 씹어야 했다.

또 다른 친구는 밤에 침대에 누워 TV를 보다가 잠을 자는 나쁜 습관을 갖고 있었다. 그는 그 습관을 밤마다 침대에 누워 책을 읽다가 잠자는 습관으로 바꾸었다.

다시 한번 강조하지만, 나쁜 습관을 대체할 수 있는 새로운 습관을 목적의식을 갖고 선택하는 것이 나쁜 습관을 고칠 확률을 높이는 확실한 방법이다.

거꾸로 할 수도 있다. 먼저 좋은 습관을 선택하고 그 습관을 자기 것으로 만들어 나쁜 습관을 고치는 것이다. 한 가지 예로 아침마다 윗몸 일으키기 운동을 하는 습관을 갖고 싶다면 아침마다 다른 것을 하는 습관이 이미 있다는 사실을 깨달아야 한다. 집중하여 듣는 습관을 갖고 싶다면 다른 사람의 말을 집중하여 듣지 않는 습관이 있다는 사실을 깨달아야 한다.

구체적으로 파악해야 한다. 집중하여 듣지 않는 습관이 있다는 것은 대화를 할 때 상대방이 하고 있는 말을 듣지 않고 다음에 자기가 하고 싶은 말을 생각하느라 정신이 없다는 의미일 수도 있다. 하고 싶은 말에만 집중하고 있기 때문에 상대방이 말하고자 하는 요지를 이해하지 못한다. 아니면 대화를 하다가도 그날 해야 할 다른 일에 대한 생각에 빠져버릴 수도 있다. 어떤 습관을 고치고 싶은지 구체적으로 파악하면 나쁜 습관에 빠져 있는 순간을 보다 쉽게 파악할 수 있다. 이것이 중요하다.

나쁜 습관이 실제로 나타나는 시점을 인식하지 못하면, 그 습관을 고치기는 어렵다. 어떤 습관을 바꾸고 싶은지 정확하고 구체적으로 파악한다면 새로운 습관을 자기 것으로 만들 가능성이 더욱 높아질 것이다.

이제 시간을 갖고 생각해보자. 바꾸고 싶은 습관과 그 습관 대신에 갖고 싶은 습관을 적어보자 (구체적으로 적을수록 더 좋다).

바꾸고 싶은 나쁜 습관	새로 갖고 싶은 좋은 습관

부정적 강화와 긍정적 강화 - 무의식의 주의를 끄는 것들

> "인간은 스스로 자기를 만들어서 결과를 스스로 결정한다. 인간은 대리석이자 조각가이기 때문이다."
>
> - 알렉시스 카렐 박사(Dr. Alexis Carrel)

부정적 강화(Negative consequences)

'긍정적 강화'나 '부정적 강화'는 모두 무의식이 '더욱 주의를 끄는 것들(attention getters)'이다. 습관은 무의식 깊숙이 자리 잡고 있다. 또한 하나의 습관을 바꾸기 위해서는 의식이 무의식을 사로잡아 커뮤니케이션하면서 훈련시키고 프로그램을 다시 입력해야 한다. 그러므로 나쁜 습관을 계속 하거나 좋은 습관을 갖는데 실패했을 때는 반드시 대가가 따르도록 해야 한다. 애완동물을 훈련시키는 것과 같다.

강아지가 방에서 오줌을 쌀 때마다 가볍게 때려 주의를 준다면 그 강아지는 방에서 오줌을 싸려고 할 때마다 주인에게 맞았던 기억을 떠올릴 것이다.

아이들이 손가락 빠는 짓을 못하게 하는 한 가지 방법은 아이의 손가락에 역겨운 맛이 나는 것을 발라 놓는 것임을 부모라면 대부분 잘 알고 있다. 이렇게 하면 아이는 손가락 빠는 행위와 쓴맛을 서로 연결지어 생각하게 된다. 이런 것이 바로 부정적 강화 기법이다.

앞에서도 말한 것처럼 나에게는 손톱을 깨무는 나쁜 습관이 있었다. 나도 모르게 손톱을 깨물고는 했다. 이 습관을 바꾸기 위해 '부정적 강화' 기법을 활용했다. 손톱을 깨물고 있다는 사실을 나 자신(나의 의식)이 인식하는 순간, 새끼손가락을 세게 깨무는 것이다(무의식의 주의를 끄는 한 가지 방법). 이 방법을 쓰자 손톱을 깨물려고 하는 순간에 그 사실을 인식하게 되었다. 얼마 뒤에는 손톱을 깨물려고 입에 손가락을 가져가는 순간에 그 사실을 깨닫게 되었다.

부정적 강화 방법을 계속 사용하였더니 어느 새 의식이 무의식의 주의를 사로잡았으며 결국에는 손톱 깨무는 습관이 사라지고 말았다.

나쁜 습관을 행동할 때마다 그에 상응하는 부정적 조치를 취함으로써 자기의 무의식을 훈련시키는 것이다. 그러면 무의식은 나쁜 습관을 계속하거나 원하는 좋은 습관을 강화하지 못했을 경우에 부정적인 조치가 당연히 따른다고 생각하게 된다.

일단 이런 관계가 만들어지면 습관을 성공적으로 바꿀 확률이 더욱 높아진다.

나쁜 습관은 부정적인 결과로 이어진다는 사실을 깨닫는 것이 중요하다. 하지만 그렇다고 나쁜 습관의 재발을 완전히 방지할 정도로 부정적 결과가 충분히 강력한 것은 아니다. 또한 굳은 의지를 갖고 실천하지 못하거나 나쁜 습관으로 다시 돌아갔다고 해서 반드시 어떤 강력한 조치를 취해야 하는 것은 아니라고 주장하는 사람도 있다.

흔히 "당신도 역시 인간에 불과하다."거나 "완벽한 사람은 없다." 또는 "자신을 너무 학대하지 말라."고 말하며 위로한다. 이런 사고는 너무 근시안적이며 성공 가능성을 훼손시킬 뿐이다. '실패'를 '훈련'의 한 과정이라고 생각하는 것은 도움이 된다. 또한 우리 자신에게 긍정적인 보상이나 부정적인 조치를 내릴 필요가 있다.

긍정적 강화(Positive consequences)

무의식이 '더욱 주의를 끄는' 또 다른 것이 바로 즐거움(pleasure)이다. 앞에서 예로 들었던 애완동물의 경우를 다시 살펴보자. 강아지가 주인의 명령에 따라 앉고, 일어서고, 짖고, 꼬리를 흔들게 훈련시키고 싶다면 말을 잘 들을 때마다 먹을 것을 주고 쓰다듬으면서 착하다고 말하는 긍정적 방법을 활용할 수 있다. 긍정적 강화 또는 긍정적 보상 방법은 맛있는 것을 먹고, 칭찬하는 소리를 듣고, 쓰다듬어 주는 주인의 손길을 느끼며 얻는 즐거움을 활용한다. 강아지는 주인의 명령에 따른 행동과 긍정적 보상을 연결시킬 것이다.

부모들은 긍정적 강화의 위력을 잘 알고 있다. 어떤 친구는 아이들이 아침마다 잠자리를 정리하는 습관을 갖도록 하기 위해 긍정적 강화 방법을 활용했다. 아이가 아침에 일어나 이부자리를 정리하면 그날 아침 식사로 맛있는 것을 차려주는 것이다. 이부자리를 정리하지 않으면 아이는 그냥 시리얼만 먹어야 한다. 이제 아이들은 대학생이 되었다. 맛있는 아침 식사를 차려 주는 긍정적 보상이 없어도 아이들은 아침마다 이부자리를 정리한다.

한 친구는 다른 사람이 말할 때 끼어들어 문법적 오류를 지적하고 바로 잡아주는 습관이 있었다. 어느 날 그 친구는 긍정적 보상 방법으로 이 습관을 고쳤다고 자신 있게 말했다. 그는 피스타치오(pistachio) 열매를 아주 좋아했다. 다른 사람의 말에 끼어들어 틀린 부분을 지적하고 고쳐주고 싶은 생각이 드는 순간에 자기 마음을 다잡고 성공적으로 자제하면, 자신에게 피스타치오를 상으로 주기 시작했다. 결국 그는 자기 습관을 고쳤다.

긍정적 보상 기법이 효과를 발휘할 수 있었던 이유는 하루종일 피스타치오 열매를 책상 서랍에 넣어두고 있었기 때문이다. 그는 항상 피스타치오를 먹고 싶어 했으며, 피스타치오를 보면서 자기의 무의식을 감시하고 훈련시켰다. 결국 그의 무의식도 다른 사람의 말에 끼어들어 문법적 오류를 지적하고 고쳐주는 행동을 고치지 않으면 그의 의식이 피스타치오를 먹는 즐거움을 허락하지 않을 것이라는 사실을 깨닫게 되었다. 의식이 무의식과 커뮤니케이션하면서 통제하고 훈련시키고 프로그램을 다시 입력하는 것이 습관을 바꾸는 열쇠이다.

이제 시간을 갖고 생각해보자. 습관을 바꾸는데 활용할 수 있는 긍정적 강화/부정적 강화 방법을 적어보자.

긍정적 강화

정신적 리허설

운동선수들은 정신적 리허설(mental rehearsal)과 그려보기 (visualization)의 중요성을 잘 알고 있다. 멀리뛰기 선수는 달려와서 점프하고 착지하는 과정을 팬터마임식으로 미리 그려 보이고 나서야 실제로 멀리뛰기를 한다. 경기장에서 그렇게 하는 선수들을 흔히 볼 수 있다. 농구선수들도 농구공 없이 자유투하는 흉내를 내면서 정신적으로 리허설을 한다. 미식축구에서도 선수들이 골포스트를 향해 공을 차보는 흉내를 낸다. 유명한 골프선수인 잭 니클라우스(Jack Nicklaus)는 스윙을 하기 전에 정신적 리허설 기법을 어떻게 사용하는지 설명한 적이 있다.

"우선 내가 치고 싶은 공을 '본다'. 푸른 풀 위에 놓인 멋진 흰색 공을 본다. 그리고 장면이 빠르게 바뀌면서 저 멀리 날아가는 공을 '본다'. 타원형을 그리며 하늘 높이 날아가다가 땅에

내려앉는 공을 '본다'. 그리고 일종의 페이드아웃(fade-out) 되면서 다음 장면에서는 앞서 보았던 이미지가 현실로 바뀌어 스윙을 하고 있는 내가 보인다."

운동선수가 자기 행동을 정확하게 정신적으로 리허설하고 성공적인 결과를 그려보게 되면 실제로 더 좋은 성과를 얻을 수 있다. 마찬가지로 어떤 상황에 처했을 때 자기 대응 방식을 정신적으로 미리 연습하면 바람직하지 않은 나쁜 습관을 고칠 가능성이 더욱 커진다.

나쁜 소식을 접했을 때 적절하게 대응하지 못하는 나쁜 습관이 있다고 해보자. 여러 사람의 의견을 종합하여 보았더니 나쁜 소식을 들으면 과잉 반응을 하는 경향이 있다는 사실을 알아냈다고 하자. 자기에게 이런 나쁜 습관이 있다는 사실을 깨닫고 그런 습관이 언제, 어떤 식으로 나타나는지 인식하게 되면 나쁜 습관을 고치는 첫 단계가 시작되는 것이다.

두 번째 단계는 나쁜 습관을 대신하여 갖고 싶은 좋은 습관을 찾아내는 것이다(습관은 없애는 것이 아니라 교체하는 것임을 다시 한번 생각할 필요가 있다). 일단 자기에게 어떤 나쁜 습관이 있고 그것이 언제 나타나는지 파악한 다음, 그런 상황이 다시 일어났을 때 어떻게 반응할지 구체적으로 정한다. 그리고 정신적으로 준비를 한다.

어떤 상황이 일어났을 때 이렇게 대응하겠다는 시나리오를 정하고 정신적으로 미리 리허설을 하는 것이 습관을 바꾸는데 중요한 역할을 한다. 피츠버그대학교와 카네기멜론대학교 연구진에 의하면 원하는 행동을 정신적으로 미리 준비하고 리허설을 했을 때 우리를 행동으로 이끄는 두뇌 부분인 전두엽 피질이 활성화 된다고 한다. 정신적 준비를 더 많이 할수록 더 좋은 성과를 거둘 수 있다.

　사실 두뇌에 대한 최근의 연구결과에 의하면 아주 구체적으로 어떤 행동을 상상하는 정신적 준비는 그 행위에 실제로 관여하는 뇌세포 부분을 활성화 시킨다고 한다. 그러므로 나쁜 습관을 좋은 습관으로 바꾸려고 할 때 이런 정신적 준비가 특히 필요하고 중요하다. 습관적인 반응을 극복하기 위해 미리 정신적 준비를 하면 전두엽 피질이 활성화 되기 때문이다. 활성화 된 전두엽 피질은 앞으로 어떤 일이 벌어지면 이렇게 대처하라고 뇌를 훈련시킨다. 전두엽 피질이 활성화되지 않은 사람은 습관적으로 바람직하지 않은 행동을 할 가능성이 크다.

　반대로 정신적 연습을 통해 전두엽 피질이 활성화 된 상태가 되면 예상했던 상황이 발생했을 때 미리 연습한 대로 반응할 가능성이 아주 크다. 예를 들어 앞에서 설명했던 세일즈 매니저인 샐리의 경우, 그녀는 '360도 피드백' 프로그램을 통해 나쁜 소식을 접했을 때의 대응 방식에 문제가 있다는 사실을 알아냈다. 그녀는 이 나쁜 습관을 새로운 것으로 바꾸기로 했다. 샐리는 상황이 제대로 풀리지 않는 경우에도 '냉철한 이성'을 잃지 않는 자신의 모습을 그려보았다. 감정을 통제하고 모든 것을 균형 있게 처리하며 냉정하게 생각하고 열정적으로 말하는 자신의 모습을 그려보았다. 그리고는 마음속으로 자기가 원하는 행동을 아주 구체적인 부분까지 반복하여 연습했다. 이제는 나쁜 소식을 접해도 수없이 연습했던 바에 따라 반응한다. 어떤 상황에서도 '냉철한 이성'으로 대처한다.

로마는 하루아침에 세워지지 않았다.

한 번에 하나씩, 한 번에 습관 하나씩.

"천리 길도 한 걸음부터."

- 중국 속담(Chinese proverb)

> "행동을 뿌리면 습관을 거두고, 습관을 뿌리면 성격을 거두고, 성격을 뿌리면 운명을 거둔다."
>
> - G. D. 보드맨(G. D. Boardman)

한 번에 하나 이상의 습관을 바꾸려고 하는 것은 좋은 생각이 아니다. 한 번에 너무 많은 일을 하려고 하면 실패로 끝날 가능성이 크다. 단지 몇 개의 습관만을 바꾸어도 인생에 큰 변화를 줄 수 있기 때문이다. 구체적인 습관의 구체적인 결과는 더 크고 넓은 습관으로 이어지며, 더 크고 의미 있는 결과를 낳는다. 더 크고 의미 있는 결과를 쉽게 예측하기는 어렵지만 우리의 삶에 큰 영향을 주는 것만은 분명하다.

3장에서 열거했던 좋은 습관을 다시 생각해보자.

- 항상 약속을 지킨다.
- 회의나 약속 시간에 절대 늦지 않는다.
- 전화 약속을 잊지 않는다.
- 동료, 고객, 가족과의 커뮤니케이션을 더욱 효과적으로 한다.
- 예상 성과와 기대 수준을 명확하게 설정한다.

- 행정 업무를 신속하게 처리한다.

- 잘 듣는다.

- 행동을 미루지 않는다.

- 인사를 나눈 다음에는 상대방의 이름을 기억한다.

- 다른 사람과 대화할 때는 반드시 상대의 눈을 바라본다.

- 건강에 좋은 음식을 매일 먹는다.

- 규칙적으로 운동한다.

- TV를 적게 본다.

- 책을 많이 읽는다.

- 매일 저녁에 가족과 함께 식사한다.

- 자기감정을 통제한다.

- 매월 자기 수입에서 최소 10퍼센트는 자기 자신을 위해 투자한다.

총 17가지 좋은 습관이 있다. 일반적으로 하나의 습관을 바꾸는데 21일 걸린다고 한다. 물론 더 빨리 바꿀 수 있는 습관도 있고 더 오래 걸리는 습관도 있지만 평균적으로 21일 걸린다고 볼 수 있다. 그리고 한 번에 하나씩 바꾼다고 가정하면 이 17가지 습관을 모두 자기 것으로 만드는데 1년이 걸릴 것이다.

한 번에 하나씩 자기 것으로 만들어라.

집중력

습관을 바꾸기가 얼마나 어려운지 우리는 잘 알고 있다. 그 이유도 다양하다. 습관을 바꾸려면 우리의 무의식을 일깨우고 커뮤니케이션하면서 훈련시켜야 한다. 절대 쉬운 일이 아니다. 그렇기 때문에 한 번에 하나씩만 바꾸려고 노력하는 것이 중요하다. 습관을 바꾸려면 집중력이 요구된다. 집중력은 빛의 초점을 맞추는 것과 비슷하다.

산란된 빛은 아무런 힘도 발휘하지 못한다. 하지만 초점을 맞추면 빛 에너지를 모을 수 있다. 태양 광선이 돋보기를 통과하면서 빛 에너지가 집중되어 종이나 풀을 태울 수 있는 위력을 발휘한다. 빛을 더 모아 레이저 광선 같은 것이 되면 강철도 절단할 수 있다. 이것이 바로 집중력이다.

습관을 바꿀 때도 이런 집중이 필요하다. 한 번에 하나씩 습관을 바꾸는 것에다가 우리의 의식적 노력을 집중하면 엄청난 힘을 발휘하여 무의식의 프로그램을 다시 만들 수 있다. 하나 이상의 습관을 바꾸려고 노력하면 노력이 분산되면서 집중력이 떨어져 성공 확률이 크게 낮아진다.

모멘텀(Momentum)의 힘과 관성의 법칙

관성(inertia) – 1. 외부의 힘이 없을 때 정지 상태의 물체가 계속 정지 상태에 있으려 하거나 운동 상태인 물체가 계속 운동 상태를 유지하려는 경향. 2. 운동, 작용, 또는 변화에 대한 저항.

– 아메리칸헤리티지사전(The American Heritage Dictionary)

"충분한 모멘텀이 있으면 거의 모든 변화가 가능하다."

– 존 C. 맥스웰(John C. Maxwell)

습관을 하나씩 바꿀 때마다 습관을 바꾸는 능력이 향상된다.

기차의 앞바퀴 밑에 멈추개(doorstop)를 괴어 놓으면 그 기차는 움직이지 못한다. 엔진 출력을 최대로 하여도 기차는 꼼짝 못하고 그대로 있다. 반면 시원하게 달리고 있는 기차를 급정

거시키기란 거의 불가능하다. 왜 그럴까? 작은 멈추개가 큰 기차를 움직이지 못하게 하는 일이 어떻게 가능할까? 달리고 있는 기차를 멈추게 하기가 거의 불가능한 이유는 무엇때문 일까?

바로 관성 때문이다. 정지 상태에 있는 기차를 움직이게 하려면 거대한 무게라는 관성을 극복해야 한다. 엄청나게 무거운 기차를 움직이게 하려면 막대한 에너지가 필요하다. 반대로 시원하게 달리고 있는 기차를 멈추게 할 때도 막대한 에너지가 필요하다. 빨리 달리고 있는 기차일수록 멈추게 하기가 더 어렵다. 이것을 '모멘텀(momentum)'이라고 부른다. 우리가 좋은 습관을 갖는데도 이 모멘텀이 중요한 역할을 한다.

처음에는 습관을 바꾸기가 아주 어렵다. 정지 상태의 기차와 마찬가지로 시작하기도 힘들다. 하지만 첫 번째 습관을 바꾸고 나면 다음에는 좀더 쉬워진다. 사실 습관을 하나씩 바꿀 때마다 습관을 바꾸는 능력이 조금씩 향상된다. 습관을 바꾸는 습관이 생기기 시작하는 것이다. 이런 상태에 이르면 우리는 멈출 수 없는 기차가 된다. 모멘텀은 이제 우리 편이며 목적의식을 지닌 삶은 현실이 된다.

크게 생각하고 작게 시작하라.

점진주의의 힘

"태산을 옮기려 해도 작은 돌부터 날라야 한다."

- 중국 속담(Chinese proverb)

한 번에 습관 하나씩 바꾸는데 집중해야 하며, 어떤 습관을 바꾸려고 결정할 때는 작게 시작하는 것이 좋다. 예를 들어, 현재 달리기를 전혀 하지 않고 있으면서 마라톤 코스를 완주하겠다는 목표를 세웠다면 짧은 거리를 달리는 것부터 시작해야 한다. 점진주의(incrementalism)의 원칙을 적용한다.

점진주의는 장시간에 걸쳐 일관되게 작은 실천을 계속하면 커다란 변화를 낳는다는 것이다. 점진주의는 엄청난 위력을 발휘한다.

달리기를 전혀 하지 않았던 사람도 우선 400미터 정도만 달리기를 시작하면 나중에는 마라톤 풀코스를 완주할 수 있게 된다. 나 자신이 살아있는 증거이다. 하지만 짧은 거리라도 계속 달리는 습관을 들여야 한다. 그러면 오래지 않아 1km를 달리고 5km 구간을 완주하다가, 결국에는 보스턴 마라톤 대회에 출전할 수 있게 된다. 물론 말처럼 쉬운 일은 아니다. 달리기를 전혀 하지 않는 사람이 이 목표를 달성하려면 매일 달리는 습관을 들이고 피나는 노력을 해야 한다. 작게 시작하고 점진주의의 힘을 활용하면 습관을 바꾸는 것이 훨씬 쉬워지며 성공 확률도 커진다.

나의 아들도 이제는 점진주의의 힘을 깨달았다. 아들은 뛰어난 피아노 연주자가 되었으며, 이제는 피아노 연주를 즐긴다. 아들의 피아노 연주를 들으면 기분이 좋아진다. 하지만 처음부터 그랬던 것은 아니다. 처음에는 피아노를 치는 것이 엄청난 고역이었다. 아들은 피아노를 싫어했으며, 아내와 나는 아들 녀석이 피아노를 치도록 온갖 수단으로 꾀어야 했다. 피아노를 새로 사고 피아노 교습료도 다 지불한 상태였기 때문에 싫더라도 계속 피아노를 배우게 해야만 했다.

첫 수업에서 아들은 건반 두 개를 배웠다. 시간이 지나면서 수업이 점점 어렵고 복잡해졌으며, 아들 녀석도 조금씩 능력을 키워갔다. 이제 아들의 피아노 실력은 상당 수준에 도달했으며, 아들도 피아노 연주를 즐기고 있다. 느리지만 조금씩 계속 노력한 결과가 나타난 것이다.

한번 생각해보라. 세계적으로 유명한 피아니스트도 처음에는 건반 몇 개를 쳐보는 것부터 시작했다. 마찬가지로 나쁜 습관을 고치고 좋은 습관을 들이는 데도 계속적으로 노력하여 조금씩 개선하는 것이 열쇠이다.

> "한 걸음, 그리고 또 한 걸음, 이렇게 하여 긴 여정이 끝난다.
> 한 바늘, 그리고 또 한 바늘, 이렇게 하여 찢어진 바지를 꿰맨다.
> 벽돌 하나, 그리고 또 벽돌 하나, 이렇게 하여 높은 벽을 세운다.
> 한 조각, 그리고 또 한 조각, 이렇게 눈이 쌓인다."
>
> — 아논(Anon)

끓는 물속의 개구리

또한 점진주의의 힘은 우리를 망칠 수도 있다.

이런 말이 있다. 끓는 물에 개구리를 집어넣으면 개구리는 즉시 튀어나온다. 하지만 개구리를 물에 넣고 천천히 끓이면 그 개구리는 점진적인 변화를 인식하지 못하고 물속에 그대로 있다. 죽을 때까지 그대로 있다. 이런 점에서 우리는 개구리와 비슷하다. 변화가 천천히 일어나면 사람들은 그 변화를 알아차리지 못한다.

우리는 모두 나쁜 습관을 갖고 있다. 하지만 나쁜 습관이 어느 날 갑자기 생긴 것은 아니다. 그런 습관이 자기에게 생기는지 알지도 못한 채 오랜 시간에 걸쳐 천천히 그 습관을 갖게 된 것이다. 목적의식을 가진 삶이 중요한 이유가 바로 여기에 있다. 우리는 나쁜 습관을 고치고 좋은 습관을 개발할 수 있다. 하지만 우리는 그런 선택을 하지 않는다. 우리는 누구나 물속의 개구리가 될 수 있다. 그 물은 곧 끓고 만다는 것을 잊지 말아라.

끈기의 힘

끈기(persistence) − 어려움과 장애물에도 불구하고 하나의 목표를 달성하기 위해 흔들리지 않고 노력하는 것을 의미한다. 끈기는 인내와 근면을 내포한다.

− 아메리칸헤리티지사전(The American Heritage Dictionary)

"목표를 달성하는데 끈기만큼 중요한 것은 없다고 생각한다. 끈기는 거의 모든 장애물을 극복한다. 심지어 자연도 극복한다."

- 존 D. 록펠러(John D. Rockefeller)

모든 종류의 변화에 꼭 필요한 한 가지 요소가 있다. 사실 습관을 성공적으로 바꾸는데 필요한 모든 전제 조건은 이 한 가지 요소로 귀결된다. 바로 끈기이다.

앞서 설명했듯이 자기 통제는 우리에게 습관을 바꿀 수 있는 능력을 준다. 실제로 습관을 바꿀 수 있는 능력은 자기 통제 수준에 비례한다. 자기 통제를 보여 주는 증거가 바로 끈기이다. 윈스턴 처칠 경(Sir Winstone Churchill)은 이렇게 말했다.

"끈기는 자기 통제를 행동으로 보여 준다."

유명한 심리학자이자 철학자인 윌리엄 제임스(William James)는 이렇게 말했다.

"비정상적 필요가 우리를 전진하게 하면 놀라운 일이 벌어진다. 힘든 상태가 점점 악화되어 어떤 순간에 이르면 점진적이던 것이 갑작스럽게 우리를 전보다 더 새롭게 만든다. 새로운 에너지를 경험하게 된다. 자기가 갖고 있으리라고 꿈도 꾸지 못했던 엄청난 힘을 발견한다. 습관의 벽에 가로막혀 접하지 못한 힘의 원천을 대하게 된다."

상당히 높은 수준의 자기 통제를 달성했다면 윌리엄 제임스가 말한 '습관의 벽'을 통과하여 목표에 도달하는데 필요한 끈기를 갖추고 있는 셈이다. 또한 제임스는 그러한 끈기도 습관의 일종이라고 지적했다. 끈기의 습관에서 한 가지 특이한 점은 끈기를 발휘할수록 더욱 끈질긴 사람이 되어 간다는 것이다. 끈기는 우리의 습관을 바꾸고 우리의 목적을 달성하는데 핵심적인 역할을 한다.

"위대한 일을 하고 중요한 목표를 달성하는 두 가지 길이 있다. 힘과 끈기이다. 힘은 일부 소수만이 가질 수 있다. 하지만 강인하고 지속적인 끈기는 누구나 가질 수 있으며 목표 달성에 꼭 필요한 것이다. 조용한 끈기의 힘은 시간이 지나면서 돌이킬 수 없는 엄청난 위력으로 발전한다."

― 괴테(Johann von Goethe)

그렇다면 어느 정도의 끈기가 필요할까? 충분한 끈기를 발휘했는지 어떻게 알 수 있을까?

그 대답은 우리가 설정한 목표를 시작하여 달성했을 때, 또는 도달했을 때이다. 우리는 좌절을 예상해야 하고, 또 예측해야 하지만 실수를 실패로 생각하는 일은 없어야 한다. 성공한 모든 사람이 실수를 경험했지만 실수를 패배로 받아들이지 않았다. 실수는 적극적으로 행동하는 사람만이 경험할 수 있는 소중한 것이다.

끈기 있는 행동 – 성공에 앞서 있었던 유명한 실패

- 헨리 포드(Henry Ford)는 자동차 업계에 처음 발을 들여 놓은 이후로 두 번이나 파산했다.

- 1902년에 《월간 아틀란틱(Atlantic Monthly)》 편집자는 28살의 시인 지망생에게 '당신의 열정적인 시를 게재할 여력이 없음을 알려 드립니다.'는 거절 통지서를 보냈다. 하지만 로버트 프로스트(Robert Frost)는 포기하지 않았다.

- 발명가인 체스터 칼슨(Chester Carlson)은 그의 제록스 복사기에 투자할 사람을 찾기 위해 몇 년 동안 거리를 헤맸다.

- 마이클 조던(Michael Jordon)은 고등학교 농구부에서 쫓겨나기도

했다.

- 닥터 수스(Dr. Seuss)의 첫 번째 책을 23개 출판사가 거절했다. 24 번째 출판사는 닥터 수스의 책을 600만 부 이상 팔았다. 닥터 수스의 끈기는 수많은 어린이에게 즐거움을 주었다.

- 코카콜라의 사업 첫 해 매출은 단 400병에 불과했다.

- 아타리(Atari)와 휴렛팩커드(Hewlett-Packard)에서 거절당한 애플컴퓨터(Apple)의 첫 해 매출은 250만 달러 이상에 달했다.

- 찰스 굿이어(Charles Goodyear)는 극단적인 기온에도 영향을 받지 않는 고무를 만드는 것만 생각했다. 몇 년 동안의 실험은 계속 실패로 끝났으며, 쓰라린 좌절과 부채, 가정생활의 파탄, 친구들의 조롱만이 남았다. 하지만 그는 좌절하지 않고 노력했으며, 1839년 2월에 드디어 성공을 거두었다. 황을 첨가한 고무로 최초의 굿이어 타이어를 만들었다.

- 마라톤 선수인 조안 베누이트(Joan Benoit)는 올림픽 대표팀 선발 대회를 불과 17일 앞두고 무릎 수술을 받았다. 하지만 그녀는 굳은 의지로 끈질기게 노력하여 대표 팀에 뽑혔고, 올림픽에 나가서는 금메달리스트가 되었다.

- 1905년에 베를린대학교는 황당하며 비현실적이라는 이유로 박사 논문을 통과시키지 않았다. 아인슈타인(Albert Einstein)은 실망했지만 좌절하지 않았다. 그는 끈기를 발휘했다.

- 프랭크 울워스(Frank Woolworth)는 몇 년 동안 많은 고생을 했지만 그의 백화점 사업은 파산하고 말았다. 그는 울워스 백화점이 기록적인 성공을 거둘 때까지 계속 시도했다.

자니(Johnny)는 미식축구를 좋아했으며, 피츠버그 세인트 저스틴 고등학교에서 쿼터백으로 활동했다. 그는 노트르담 축구팀에 들어가려 했지만 너무 작은 팀이라고 판단했다. 결국 대학에 진학하기로 결정했다. 졸업하고 피츠버그 스틸러스에 입단 신청을 했지만 거절당했다. 자니는 공사장에서 일하며 아마추어 팀에서 활동했다. 그리고 NFL 팀과 계속 접촉했다.

그가 원했던 것은 기회였다. 그의 끈기는 결국 보상을 받았다. 볼티모어 콜츠가 연락을 해왔으며 그는 곧 NFL 최고의 쿼터백으로 성장했다. 그의 활약에 힘입어 콜츠는 월드챔피언이 되었다. 그리고 자니 유나이타스(Johnny Unitas)는 명예의 전당에 올랐으며 미국 최고의 쿼터백 가운데 한 명으로 기억되고 있다.

예일대학교 학생이었던 프레드 스미스(Fred Smith)는 화물을 보내고 받는 방식을 혁명적으로 바꾸어 놓는 획기적인 화물 운송 아이디어를 생각했다. 그는 자기 생각을 경제학 강의 기말

보고서에 정리하여 제출했다. 이 천재적인 아이디어는 점수를 얼마나 받았을까?

담당 교수는 붉은 색으로 커다랗게 'C'를 적어 돌려주었다. 그리고 이렇게 적었다.

'흥미로운 아이디어이고 잘 정리되어 있다. 하지만 C 이상의 점수를 받으려면 아이디어가 실현 가능해야 한다.'

실망스러운 평가였지만 스미스는 포기하지 않고 그 아이디어를 실천에 옮겼다. 그가 설립한 회사는 몇 해 동안 어려움을 겪고 많은 손실을 입기도 했지만, 1975년 순이익이 2만 달러에 이르면서 그의 끈기는 마침내 보상을 받았다. 현재 스미스 회사는 210개 국가에 지사를 두고 있으며 세계 각지에서 일하는 종업원이 14만 명에 이르고 매일 3백만 건의 화물을 운송한다. 페덱스의 설립자이자 CEO인 프레드 스미스는 끊임없이 자신의 꿈을 추구했으며, '타당성'이 없다는 평가를 받은 아이디어를 토대로 70억 달러 규모의 회사를 일구어냈다.

루이 파스퇴르(Louis Pasteur)는 19세기 최고의 생물학자이다. 그는 미생물학의 선구자였으며, 그의 연구는 입체화학, 세균학, 바이러스학, 면역학, 분자생물학 등 수많은 학문 발전의 초석이 되었다.

감염성 질병은 미생물에 의해 유발된다는 그의 '미생물 병원설(germ theory of disease)'은 의학의 역사에서 가장 중요한 발견 가운데 하나로 꼽힌다. 누에 질병에 대한 연구를 통해 섬유산업을 구했으며, 탄저병과 콜레라, 공수병 예방을 위한 백신을 개발하기도 했다.

파스퇴르를 가장 유명하게 만든 것은 미생물에 의한 식중독을 예방하고 음식물의 부패를 막기 위한 열처리 과정의 발견이라 할 수 있다. '저온살균법(pasteurization)'으로 알려진 이 방법으로 우리는 안전한 식품을 먹을 수 있게 되었다.

하지만 파스퇴르는 치명적인 심장 질환에 시달렸으며, 때로는 왼쪽 전체가 마비되는 심각한 상태에 처하기도 했다. 이러한 건강상의 문제와 다른 개인적인 비극에도 불구하고 그는 연구를 계속했다. "나를 이끌었던 힘에 대한 비밀을 말하겠다." 한때 그는 이렇게 말한 적이 있다. "나의 힘은 전적으로 나의 끈질긴 고집에서 나온다."

오늘날의 우리는 예방 접종을 통해 질병을 예방하고 식중독에 대한 걱정 없이 음료수를 마시는 것에 대해 당연하게 생각한다. 하지만 다음부터는 찬 음료수를 마실 때마다 잠시 멈추고 루이 파스퇴르를 한번 생각하길 바란다. 지칠 줄 모르는 그의 끈기와 노력이 있었기에 이 음료수를 마실 수 있는 것이다.

링컨의 끈기를 한번 생각해보자.

- 1831년에 그는 사업에 실패했다.
- 1832년에 주 의회 선거에서 패배했다.
- 1833년에 다른 사업을 시도했다가 실패했다.
- 1835년에 약혼녀가 사망했다.
- 1836년에 신경쇠약에 걸렸다.
- 1843년에 의회 선거에서 떨어졌다.
- 1848년에 다시 의회 선거에 나섰다가 떨어졌다.
- 1855년에 상원 선거에 나섰다가 떨어졌다.
- 1856년에 부통령 선거에 나섰다가 졌다.
- 1859년에 다시 상원 선거에 나섰다가 떨어졌다.
- 1860년에 미국 16대 대통령에 선출되었다.

링컨은 끈기로 달성할 수 있는 것이 무엇인지를 보여 주는 대표적인 인물이다. 링컨은 인내심으로 역사를 창조했다. 끈기가 없었다면 우리는 그의 이름도 알지 못할 것이다. 성공과 실패는 바로 우리의 끈기에 의해 결정된다.

고등학교 미식축구팀의 한 코치는 선수들이 끈기 있게 노력하도록 만들고 싶었다. 시즌 중반에 그는 선수들을 모아놓고 말했다.

"마이클 조던이 포기한 적이 있던가?"

선수들이 대답했다.

"아닙니다!"

그가 큰 소리로 말했다.

"라이트 형제는? 그들이 포기했는가?"

"아닙니다!"

선수들도 큰 소리로 대답했다.

"존 얼웨이가 수건을 던진 적이 있는가?"

"없습니다!"

큰 소리로 대답했다.

"엘머 윌리엄스가 포기한 적이 있는가?"

아무도 대답하지 못했다. 긴 침묵이 이어졌다. 결국 한 선수가 물었다.

"엘머 윌리엄스가 누굽니까? 그런 이름은 처음 들었습니다."

그러자 코치가 큰 소리로 대답했다.

"물론 모를 것이다. 그 친구는 중간에 포기했기 때문이다."

프로 선수가 되거나 새로운 제품을 발명하거나 회사를 세우거나 몸무게를 1kg 빼거나 신용카드 빚을 갚는 등 어떤 목표를 정하더라도, 그 목표를 달성하겠다는 의지와 그 상태를 계속 유지하며 갈 수 있는 끈기가 바로 성공을 만들어낸다.

하루 중 가장 중요한 순간

"아침마다 우리는 시험에 들며, 저녁마다 평가받는다."

- 로이 L. 스미스(Roy L. Smith)

아 침

"아침마다 그날의 일에 대한 계획을 세우고 그 계획을 실천하는 사람은, 가장 바쁜 삶의 미로를 헤쳐 갈 수 있도록 인도하는 끈을 갖고 있는 것과 같다."

- 빅토르 위고(Victor Hugo)

> "아침에 하는 생각은 그날의 행동을 결정한다."
>
> **- 윌리엄 M. 펙(William M. Peck)**

　아침은 하루 중 가장 중요한 순간이다. 하루의 시작을 어떻게 보내느냐에 따라 나머지 시간이 달라진다. 뚜렷한 목적을 갖고 이른 아침을 보내는 바람직한 습관을 갖는다면 원하는 인생을 만들기 위한 위대한 첫 걸음을 내디딘 것과 같다. 아침을 보내는 방법은 자기 통제 수준을 보여 주는 리트머스 시험지와 같다.

　그날의 계획을 갖고 일어나는가? 아니면 해야 할 일을 생각도 못하고 허둥대면서 아침을 보내는가? 그날의 계획을 갖고 있다면 그 계획에 따라 하루를 보내는가? 보다 효율적이고 생산적으로 만들며 생각할 시간적 여유를 갖게 하는 바람직한 일상생활 패턴을 정해놓고 실천하는가? 아니면 일어나 출근하느라 아침을 정신없이 보내고 있는가?

　아침은 일상의 힘을 보여 준다. 이른 아침 시간을 보내는 방식에서 우리의 일상이 좋은 습관으로 구성되어 있는지, 나쁜 습관으로 구성되어 있는지 판단할 수 있다. 인생을 의미 있게

보내며 자신의 잠재력을 최대한 발휘하려면 이른 아침 시간을
보다 효과적으로 활용하는 좋은 습관을 갖는 것이 중요하다.

게으름

> "그런데 너 게으른 자야, 언제까지 잠만 자려느
> 냐? 언제 잠에서 깨어 일어나려느냐? '조금만 더
> 자야지, 조금만 더 눈을 붙여야지, 조금만 더 일손
> 을 쉬어야지' 하겠느냐? 그러면 가난이 부랑배처
> 럼 들이닥치고 빈곤이 거지처럼 달려든다."
>
> — 잠언(Proverbs) 6 : 9-11

> "문짝이 돌쩌귀에 달려 돌듯 게으른 자는 자리에
> 누워 뒹굴기만 한다."
>
> — 잠언(Proverbs) 26 : 14

아침이 생산적이지 못하고 일어나 출근 준비를 하느라 정신
없이 보내는 이유는 우리의 아침이 너무 짧기 때문이다. 스트

레스를 덜 받으며 생산적으로 아침을 보낼 여유가 없는 것이다. 아침에는 항상 조금 더 자기를 바라며, 할 수 없이 일어나야 할 때까지 침대에 누워 있으려 한다. 이렇게 아침을 맞이하는 것에 대해 대부분의 사람이 저마다 이유를 대며 변명한다.

현대 사회는 전반적으로 수면 부족 상태에 있다. 우리의 일상은 너무 바쁘며 해야 할 일이 너무 많아 때로는 수면 시간을 희생해야 한다. 불행히도 이런 현상이 보편적이다. 수면 부족 상태에서는 하루 종일 힘이 나지 않으며 집중도 되지 않는다. 그러므로 효율성이 떨어져 같은 일이라도 더 오랜 시간 붙잡고 있게 된다. 그래서 더 오래, 더 열심히 일해야 하며, 그렇기 때문에 더 많은 수면이 필요하다.

수면 부족은 또한 나쁜 습관을 성공적으로 바꿀 수 있는 확률을 줄인다. 앞서 설명한 바와 같이 사고와 행동의 에너지 수준을 일정하게 유지하기 위해 습관이 존재한다. 또한 우리의 의식이 무의식을 재훈련시키기 위해서는 엄청난 노력이 필요하다. 정신적으로나 육체적으로 피곤한 상태에 있다면 무의식을 통제하고 습관을 바꾸기는 더욱 어렵다. 그렇다면 이 피로-게으름-비효율의 고리를 깨려면 어떻게 해야 할까? 하루 중에서 두 번째로 중요한 시간에서 해결책을 찾을 수 있다. 바로 저녁 시간이다.

저 녁

"하루의 계획이 없는 사람은 시작도 하기 전에 길을 잃고 헤맨다."

- 루이스 K. 벤델(Lewis K. Bendele)

"하루 동안 있었던 일을 밤에 정리하라."

- 허버트 경(Lord Herbert)

하루 가운데 두 번째로 중요한 시간이 저녁이다. 저녁을 보내는 방식은 아침을 보내는 방식에 영향을 준다. 그날 있었던 일을 정리하고 다음 날 할 일을 계획하는 것은 아침을 올바르게 시작하고 미리 하루를 시작하는 중요한 작업이다. 하루의 계획을 세우고 그 계획에 따라 하루를 보내면 시간을 보다 효과적이고 효율적으로 활용할 수 있다. 달성하고자 원하는 어떤 것을 달성하지 못한다면 그 이유는 계획이 없기 때문일 것이다. 존 우든(John Wooden)은 이렇게 말했다.

"계획을 세우지 않는 것은 실패를 계획하는 것과 같다."

하고 싶은 일을 계획하고 실천하라. 그렇지 않으면 원하는 것을 얻지 못한다.

이제 시간을 갖고 생각해보자. 아침과 저녁의 생활 패턴을 계획하고 적어보자.

아침

저녁

현명한 사람과 바보 같은 사람

"바보 같은 사람을 보고 싶지 않다고 한다면
먼저 자기 거울을 깨뜨릴 필요가 있다."

- 프랑소와 라블레

프랑스의 작가이자 의사였던 라블레의 말이다.

상당히 조롱섞인 통렬한 말이다. 사람은 자기 자신이 바보인 것을 잊고 산다. 자기가 바보인데도 다른 사람을 보고 바보라고 놀린다. 그 사람의 입장에 서서 생각해 보거나 이해하려고 생각지도 않는다.

다른 사람을 바보라고 하기 전에 자기 자신이 바보가 아닌지 한번쯤 생각해 보라는 경구가 아닌가 생각된다.

'청년은 노인을 바보라고 하지만 노인도 청년을 바보라고 생각한다.'라는 채프먼의 말도 귀담아 들을 필요가 있다.

7

실천 요령

> "오늘날의 미국에서는 원하는 무엇이나 될 수 있
> 다. 단 구체적인 목표와 계획, 이 두 가지를 갖고
> 있어야 한다."
>
> – A. L. 윌리엄스(A. L. Williams)

목표의 힘

목표를 설정하라.

바꾸고 싶은 습관을 찾아내고 습관을 바꾸는

전략에 대해 이해를 했으면 이제는 구체적인 목표를 정할 때이다. 목표를 세운 사람은 그렇지 못한 사람보다 성공 가능성이 훨씬 크다는 사실은 이미 수많은 연구를 통해 입증되었다. 아이다호대학교의 데이먼 버튼(Damon Burton)이 실시한 조사에 의하면 목표를 정한 사람은 그렇지 못한 사람보다 성공 가능성이 훨씬 더 크며, 목표 설정 기법을 효과적으로 활용하는 사람은 다음과 같이 된다고 발표했다.

- 스트레스와 걱정이 더 적다.
- 집중을 더 잘한다.
- 자신감을 더 많이 갖는다.
- 더욱 효율적이다.
- 성취도가 지속적으로 우수하다.

목표를 정한 사람은 그렇지 못한 사람보다 더 성공하며 더 행복한 모습을 보인다는 조사 결과들이 새롭게 나오고 있다.

전 세계적으로 유명한 교육 전문 회사인 프랭클린 코비(Franklin Covey)는 최근 HSR(Hase-Schannen Research)을 통해 목표 설정의 효과와 목표 달성도에 대한 조사를 실시했다. 이 조사 결과에 의하면 성공적인 목표 달성 능력과 삶의 만족도

사이에 직접적인 상관관계가 있는 것으로 밝혀졌다. 삶의 만족도가 8점 이상(1점부터 최대 10점까지 점수를 부여하며, 10점은 가장 행복한 상태를 의미함)인 사람은 대부분 자기를 위한 목표를 정하고 있었다.

"조사 결과를 살펴보면 행복한 삶을 살고 있는 사람은 대부분 목표를 정하고 그 목표를 성공적으로 달성하며 살고 있다는 점을 알 수 있다."

프랭클린 코비의 부회장인 스티븐 코비는 조사 결과를 이렇게 요약했다. 효과적으로 목표를 정하면 습관을 바꾸는 데도 도움이 된다. 또한 계획을 세우는 것만으로도 습관을 성공적으로 바꿀 가능성이 크게 높아진다.

계획을 세우고 지켜라.

계획을 세우면 목표 달성 확률이 크게 높아진다는 점을 HSR의 조사에서도 찾아볼 수 있다. 계획을 세운 사람은 그렇지 못한 사람보다 목표를 성공적으로 달성할 가능성이 3.5배나 더 큰 것으로 나타났다.

- 목표를 성공적으로 달성한 사람의 78퍼센트가 계획을 갖고 있었다.

125

• 목표를 성공적으로 달성한 사람의 22퍼센트가 계획을 갖고 있지 않았다.

계획 수립 이외에도 그 계획을 지키고 실천하는 것이 성공의 핵심 요소이다. 조사 결과에 의하면 최초 계획을 지킨 사람의 성공 확률은 최초 계획을 수정하거나 바꾼 사람보다 훨씬 컸다. 또한 최초의 계획을 그대로 실천한 사람은 최초의 계획을 수정한 사람보다 성공 확률이 5배 이상에 달한 것으로 밝혀졌다.

• 최초 계획에 따라 목표를 성공적으로 달성한 비율은 84퍼센트였다.
• 수정된 계획에 따라 목표를 성공적으로 달성한 비율은 16퍼센트였다.

프랭클린 코비의 부회장인 하이럼 스미스(Hyrum Smith)는 조사 결과를 언급하며 이렇게 말했다.

"단순하더라도 계획을 세워 실천했을 때의 성공 확률은 믿기 어려울 정도로 높다."

큰 소리로 말하라.

다른 사람에게 자기 목표나 생각을 말하면, 그 목표가 실현될 가능성이 더 커진다. 말을 하고 나면 말한 것을 실천해야 할 책임감을 더 크게 느낀다. 많은 사람이 지켜보고 있다는 생각을 하면 실천하지 않을 수 없을 것이다. 그렇기 때문에 우리는 습관을 고치려고 할 때 그 목표를 다른 사람에게 털어놓지 않으려고 한다. 말했다가 실패하면 다른 사람도 그 사실을 알게될 것이기 때문이다. 거꾸로 생각하면 바로 그렇기 때문에 다른 사람에게 목표를 말한다는 것은 절대 포기하지 않고 노력하게 만드는 강력한 인센티브 역할을 한다.

종이에 적고 진행 과정을 추적하라.

무엇인가를 글로 적으면 그것을 실천하는데 큰 도움이 된다는 조사 결과가 많이 있다. 달성하고자 하는 목표를 글로 적으면 그 목표를 달성할 가능성이 훨씬 더 커진다는 것이다. 무엇인가를 적는다는 것은 추상적인 생각을 구체적인 단어로 종이 위에 옮겨 놓는다는 의미이기 때문이다. 목표와 실행 방법을 구체적으로 표현하는 과정이다.

자기 생각을 다른 사람에게 말하는 것과 마찬가지로 ,생각을 글로 적으면 목표가 더욱 분명해지고 목표를 달성하고자 하는 의지가 강해진다.그러므로 단순히 말로 하는 것보다 더 큰의미를 갖고 있다.어떤 것을 큰 소리로 말하면 그 말은 허공을 떠돌다 사라지고 만다.말한 것에 대한 기록이나 증거가 없다.그러나 말한 것을 글로 적어 놓으면 뚜렷한 증거의 효력을 발휘한다.그것도 지속적이다.자기를 계속 일깨우는 서약의 증거가 존재하는 것이다.목표를 계속 추구하게 만드는 효과가 더 크다.

목표를 글로 적는 것도 중요하지만, 그 목표를 향한 과정을 추적하며 관리하는 것도 필요하다. HSR의 조사에 의하면 사람들이 목표를 성공적으로 달성하는데 가장 큰 기여를 하는 중요한 요소는 목표를 향해 가는 과정을 주기적으로 점검하는 것이라고 한다. 하이럼 스미스가 지적했듯이,

"목표의 추구는 습관의 변화와 관계가 있으며 때로는 라이프스타일과 관계가 있지만, 성공을 향해 가는 과정을 주기적으로 확인하고 점검하면 성공 확률이 크게 높아진다."

글로 적는 것이 얼마나 중요할까? 하버드 졸업생을 대상으로 실시한 조사가 있었다. 조사 대상 졸업생 가운데 80퍼센트는 구체적인 목표나 야망이 없었으며, 15퍼센트는 목표나 야망

이 있었지만 머리로만 생각했고, 나머지 5퍼센트는 목표와 야망을 글로 적어놓고 있었다(구체적인 행동 계획을 갖춘 꿈). 자기 목표나 야망을 글로 적어 놓은 5퍼센트 집단은 스스로 정한 목표를 초과달성했을 뿐만 아니라(자산 총액을 기준으로 평가했을 때), 전반적으로 나머지 95퍼센트 그룹보다 더 많은 부(富)를 성취했다.

동료나 파트너의 압력

습관을 바꾸거나 새로운 습관을 갖는데 중요한 역할을 하는 또 다른 요소는 다른 사람들의 도움이다. 가족, 친구, 동료들이 지원, 격려, 동기부여를 제공할 수 있으며, 친절하게 목표를 일깨워 주기도 한다. 이 모든 것이 삶의 진정한 변화를 성공적으로 이루어내는 것과 현재 상태의 지속을 구분 짓는 중요한 차이를 낳는다.

내가 3종 경기 대회에 참여하기로 결심하자 옆집에 살던 친구도 하겠다고 나섰다. 우리는 같이 훈련을 했다. 목표를 향해 함께 가자며 서로 격려를 했고, 도움을 주고받으며 상대방에 대해 일종의 책임감을 느끼기도 했다. 새벽 5시에 일어나 차가운 물에 들어가 수영을 하기가 죽도록 싫은 날도 있었지만, 옆

집 친구에 대한 책임감 때문에 할 수 없이 가기도 했다. 서로 중도에 포기하지 않도록 격려하고 감시했다. 이렇게 우리는 목표를 달성했다.

손가락 위의 줄, 거울 위의 메시지

고치고 싶거나 새로 갖고 싶은 습관을 계속 생각하는 것이 중요하다. 앞에서 설명했듯이 습관을 바꾸는데 중요한 열쇠는 우리의 의식이 무의식과 커뮤니케이션하면서 무의식을 훈련시키고 프로그램을 다시 입력하는 것이다. 습관은 우리의 무의식에 의해 실행되며, 의식이 무의식을 사로잡아 통제하면서 훈련과 프로그램 재입력을 완성할 때까지 습관은 계속 존재한다. 새로운 습관이라는 목표를 의식적으로 더 오래, 더 자주 생각할수록 성공은 더 빨리, 더 쉽게 이루어진다.

어떤 것을 기억하기 위한 '손가락 위의 줄(string on your finger)'이라는 기법이 있다. 이와 같은 작은 정신적 자극도 큰 도움이 된다. 앞에서 설명한 바와 같이 원하는 습관을 실제로 행동하는 상상을 하면 그 행동을 담당하는 뇌의 전두엽 피질이 활성화 된다. 이런 식으로 우리의 두뇌가 실제로 그 원하는 습관을 '연습'한다. 어떤 행동을 더 많이 반복할수록 그 행동은 더욱 깊이 몸에 배어든다. 그러한 반복이 순전히 정신적으로만 이루어지는 경우에도 마찬가지이다.

이렇게 해보라. 원하는 습관을 종이에 적고 거울에 붙여 놓는다. 저녁마다 잠자기 전에 한번 보고, 아침에 일어나 하루를 시작하면서 또 한번 본다. 이렇게 하여 자기가 원하는 습관을 되새긴다. 거울에 붙여진 종이를 볼 때마다 자기가 갖고 싶은 습관을 마음으로 실천한다. 어느 시점이 되면 이 과정이 자동적으로 이루어질 것이다.

이런 간단한 방법만으로도 원하는 습관을 적어도 하루에 두 번은 마음으로 연습하게 된다. 2장에서 비유로 든 나무처럼, 정신적 연습이 계속 누적되면서 그 습관은 점점 커지고 강해진다. 뿌리가 깊게 뻗는다. 그리고 그 습관은 완전히 여러분의 것이 된다.

습관을 바꾸는데 도움이 되는 또 다른 방법은 '사전 준비(pre-work)'이다. 아침마다 달리기를 하는 습관을 갖고 싶다고 하자. 하지만 아침에 일찍 일어나 달리기를 하기란 죽기보다 싫다. 이때 전날 밤에 미리 준비를 하여 두면 아침에 일어나 달리기를 하는데 도움이 된다. 예를 들어 운동복과 신발, 헤드폰 등 달리기를 하는데 필요한 것들을 침대 바로 옆에 준비해두고 자는 것이다. 다음 날 아침에 자명종이 울리면 힘들기는 하겠지만 일어나 달리기에 나설 가능성이 더 커진다. 달리기가 덜 지겨운 것으로 생각될 것이며, 달리지 않기 위해 둘러댈 변명 거리가 적어진다. 더 많은 준비를 해두면 아침에 달리기를 빼 먹을 가능성이 훨씬 줄어든다.

또한 이 기법을 활용하면 사전 준비를 하는 도중에 정신적으 로 미리 연습하는 효과가 있다. 다시 한번 강조하지만, 이렇게 한 번 더 반복하면 원하는 습관을 더 빨리 자기 것으로 만들 수 있다.

큰 소리로 말하기

이제 시간을 갖고 생각해보자. 습관을 바꾸겠다는 계획을 공 식적으로 선포할 가족, 친구, 동료의 이름을 적어보자.

지원 그룹이나 파트너

이제 시간을 갖고 생각해보자. 습관을 바꾸는데 도움이 되어
줄 가족, 친구, 동료의 이름을 적어보자.

습관을 바꾸는데 도움이 되어 줄 수 있는 파트너의 이름을 적
어보자.

종이에 적기

이 종이를 화장실 거울에 붙여놓는다.

나는 __월 __일부터 다음의 습관을 바꾸기로 맹세한다.

바꾸어야 할 습관

서명 _____ 일자 _____

증인 _____ 일자 _____

인간의 잠재력을 절대 과소평가하지 마라.

우리 인간은 무한한 잠재력을 지닌 놀라운 존재이다. 하지만 이 엄청난 잠재력을 실현하지 못하는 사람이 많다. 사람이 4분 안에 1마일을 달린다는 것은 불가능하다고 수세기에 걸쳐 많은 사람이 굳게 믿었다. 이 믿음은 너무나 강력했으며 부정하는 사람이 거의 없었기 때문에 '4분 장벽(4-minute barrier)'이라는 말이 생겨났다.

스포츠 전문가들은 4분 안에 1마일을 달리기란 상상도 할 수 없다고 말했다. 최고의 육상 선수들도 인간의 한계를 벗어난다고 믿었다. 생리학자들도 1마일을 4분 안에 달리는 것은 인간의 유전적 한계를 벗어난다고 주장했다. 4분 장벽은 어느 누구도 깨트릴 수 없다고 거의 모든 사람이 굳게 믿었다. 하지만 단 한 사람은 그렇지 않았다. 바로 로저 바니스터(Roger Bannister)였다.

> "훈련에 대한 믿음이 있었으므로 나는 모든 장애
> 물을 극복할 수 있었다."
>
> — 로저 바니스터(Roger Bannister)

1954년 5월 6일, 바니스터는 불가능의 장벽을 깨트린 최초의 인간이 되었다. 1마일을 4분 안에 달린 것이다. 이 경기는 아직도 '기적의 1마일(Miracle Mile)'로 불린다. 하지만 이 이야기에서 가장 중요한 부분이 흔히 간과되고는 한다.

사람이 1마일을 4분 안에 달리기란 불가능하다고 거의 모든 사람이 믿었으며 아주 오랫동안 이 장벽을 깨트린 사람이 나오지 않았지만, 로저 바니스터는 결국 이 장벽을 깨트렸으며 그렇게 함으로써 그는 인간의 한계를 뛰어넘었다. 불가능을 실현함으로써 그는 모든 사람이 깨닫도록 했다.

누군가 할 수 있다면 다른 사람도 할 수 있다. 실제로 그렇게 오랫동안 한계의 장벽으로 여겨졌던 4분 벽이 깨지고 나서 불과 46일 지나자 또 다른 사람들이 그 장벽을 깨트리기 시작했다. 이제는 대부분의 육상 선수가 4분 장벽을 깨고 있으며, 심지어는 고등학생 가운데도 해마다 4분 장벽을 깨는 선수가 나온다. 인간이 스스로 정해 놓은 이 한계를 일단 깨고 나자 인간의 잠재력은 폭발하기 시작했다.

자신의 잠재력을 절대 과소평가하지 마라.

우리 모두는 무한한 잠재력을 갖고 있다. 우리가 끄집어내기만을 기다리고 있다. 문제는 우리에게 잠재력이 있다는 사실을 진정으로 믿지 않는다는 점이다.

어느 날 밤에 한 남자가 술을 엄청 마셔대고 있었다. 술집을 나온 그는 차를 두고 그냥 걷기로 했다. 집으로 오는 길에 갑자기 비가 세차게 내리기 시작했다. 그 남자는 묘지를 가로질러 집에 가기로 했다. 하지만 너무 어둡고 비까지 내려 앞이 잘 보이지 않았다. 결국 그는 새로 파놓은 무덤 속으로 떨어졌다. 그는 무덤에서 빠져나오려고 했지만, 비가 많이 내려 땅이 미끄러웠으며 술에 취해 있던 상태라 나올 수가 없었다. 지친 그는 한쪽에서 몸을 웅크리고 잠에 빠졌다.

같은 처지의 또 다른 남자도 지름길로 집에 가려고 그 공동묘지로 왔다가 그 무덤을 보지 못하고 빠졌다. 온 힘을 다해 빠져나오려고 했지만 허사였다. 그 남자가 무덤에서 빠져나가려고 발버둥치고 있는 가운데 첫 번째 남자가 잠에서 깨어났다. 어둠 속에 숨어서 그가 음산한 목소리로 말했다. "절대 여기서 빠져나가지 못할 것이다." 빈 무덤이라고 생각했던 두 번째 남자는 어둠 속에서 들리는 그 음산한 소리를 듣고 깜짝 놀라 펄쩍 뛰더니 날쌔게 무덤을 빠져나가 집으로 달려갔다.

이 이야기의 주제는 이것이다. 두 번째 남자는 무덤에서 빠져나갈 수 없다고 굳게 믿었다. 하지만 자신도 모르게 빠져나갔다. 우리 모두 이 남자와 같다. 우리는 자기 잠재력을 과소평가하고 있다. 그것도 엄청나게 과소평가하고 있다.

'현 상태'와 '미래의 가능성'

최선을 다해 가능성을 탐색하고 미래를 개척하기보다는 현상태를 그대로 받아들여 자기의 잠재력을 죽이지 않도록 주의해야 한다. 마크 트웨인의 다음 이야기는 사람들이 어떻게 해서 잠재력을 발휘하지 못하고 사는지 잘 보여 주고 있다.

한 남자가 죽어 성 베드로를 만난다. 성 베드로가 현명하고 학식이 풍부하다는 것을 알고 있던 그 남자가 말했다.

"성 베드로여, 나는 오랫동안 군사학에 관심이 많았습니다. 인류 역사상 가장 위대한 장군이 누구인지 알려 주십시오."

성 베드로가 대답했다.

"아주 쉬운 문제구나. 그 장군은 바로 저기에 있다."

성 베드로가 어떤 사람을 가리켰다.

그 남자가 말했다.

"잘못 알고 계신 겁니다. 살았을 때 저 남자를 만난 적이 있는데 그는 평범한 노동자였습니다."

"그래, 맞다." 성 베드로가 말했다. "하지만 그가 장군이 되었다면 역사상 가장 위대한 장군이 되었을 것이다."

우리 모두는 우리가 생각하는 것보다 훨씬 많은 일을 할 수 있다. 자기를 절대 과소평가하지 말아야 한다.

"희망은 사람을 성공으로 인도하는 신앙이다. 희망이 없으면 아무 일도 성취할 수 없다."

– 헬렌 켈러

"희망은 영원히 인간의 마음을 용솟음치게 한다. 인간은 언제나 현재 행복한 것이 아니라 이제부터 행복하게 되는 것이다."

– 알렉산더 포프

행복과 불행

"불행에 굴복하지 마라. 아니, 오히려 대담하게,
적극적이고 과감하게 불행에 도전해야 한다."

- 파프리우스 M. 베르기리우스

로마 최대의 시성(詩聖)이라 불린 베르기리우스의 최후의 작품인 《아메네이스》에 나오는 구절이다.

《아메네이스》는 로마인의 조상 아메메이스가 트로이아 패망 후 파란과 수많은 괴로움을 극복하고 로마를 건설한 이야기를 담고 있다.

'언제까지나 계속되는 불행이란 것은 없다. 어렵지만 용기를 내서 쫓아내는 것이 제일이다.' 라고 불행과 대처하는 방법을 기술한 것은 프랑스의 작가 로망 롤랑이다.

베르기리우스는 불행이 다가오면 용기를 내서 맞서 싸우라고 가르친다. 그리고 깨트려버리라고 한다. 그것이 바로 인생을 승리로 만드는 길이다.

8

오늘과 내일

꿈꾸는 사람과 실천하는 사람

내일은 꿈꾸는 사람의 가장 강력한 무기이다.
오늘은 실천하는 사람의 가장 강력한 무기이다.

"내일은 게으름뱅이가 일하고, 바보들이 마음을
바로 잡고, 죽어야 할 운명의 인간이 천국을 손에
넣는 날이다."

- 에드워드 영(Edward Young)

실천가가 되겠다는 목표를 세운다면 오늘 당장 시작해야 한다. 오늘만이 있을 뿐이다. 내일 시작하겠다는 생각은 버려야 한다. 내일 하겠다는 결심은 모두 헛된 것이다. 내일 시작하겠다고 계획을 세운다면 실천가가 될 가능성은 전혀 없다. 자기를 속이는 짓이다.

유명한 작가인 마리 에지워스(Marie Edgeworth)는 내일이 아니라 바로 오늘 시작하는 것의 중요성을 이렇게 강조했다.

"오늘 새롭게 내린 결정을 당장 실천하지 않는 사람은 내일 행동에 옮길 거라고 기대할 수 없다. 다른 바쁜 일을 하느라 오늘의 결심은 생각나지도 않을 것이다. 아니면 나태함이 다시 고개를 내밀어 오늘의 결심을 없애버릴 것이다."

아타리(Atari)의 설립자인 놀란 부셀(Nolan Bushell)은 자기의 성공 요인을 묻는 사람들에게 이렇게 말했다.

"가장 중요한 요소는 무엇인가를 하는 것이다. 아주 간단하다. 수많은 사람이 나름대로 좋은 아이디어를 갖고 있지만, 실제로 지금 당장 그 아이디어를 실현하기 위해 어떤 일을 하기로 결심하는 사람은 별로 없다. 내일이 아니다. 다음 주가 아니다. 바로 오늘이다. 진정한 사업가는 실천가이다. 꿈만 꾸는 몽상가가 아니다."

몽상가에서 실천가로 전환하려면 고통이 따른다. 피나는 노력이 있어야 가능하다. 하지만 불가능한 것도 아니다. 나 자신이 살아 있는 증거이다. 나보다 더 심한 몽상가는 없었다. 자기 통제 능력이 전혀 없었다. 게으름, 미루기, 의지 부족 등의 증상에 시달렸다. 자가 처방은 언제나 '내일'이었다.

내일 하겠다는 결심을 하고 나면 당분간은 증세가 완화되었지만, 또 다른 '내일'을 정해야 하는 순간이 돌아오고는 했다. 나에게 필요했던 것은 병의 원인을 치료하는 것이었다. 바로 자기 통제 능력을 키워야 했다. '싫어하는 어떤 것을 매일 하는 것'이 나에게 꼭 필요한 처방이었다. 이 처방은 누구에게나 효과가 있다. 현재의 자기 통제 수준에 상관없이 효과를 발휘한다. 하지만 오늘 당장 시작해야 한다.

'언젠가'의 신드롬

'언젠가'의 신드롬

"언젠가 내가 자라 학교를 졸업하고 직장을 구하면, 원하는 방식으로 나의 인생을 살아갈 것이다. 언젠가 주택 담보 대출을 모두 갚고 경제적으로 여유가 생기고 아이가 자라면 새 차를 사서 해외여행을 갈 것이다. 언젠가 은퇴할 나이가 되면, 멋진 캠핑카를 사서 전국을 여행하며 즐길 것이다. 언젠가……." ─ 에드 포맨(Ed Foreman)

멋진 미래가 자기를 기다리고 있다고 믿는 사람들이 많다. 언젠가, 어쨌든, 여하튼, 그런 날이 올 것이라고 생각한다. 어떤 식으로건 그런 날이 찾아오리라고 믿는다. 이 소망은 현실을 기초로 한 것이 아니다. 하지만 많은 사람이 이렇게 생각하며 살고 있다.

언젠가, 어쨌든, 여하튼

꿈에 그리던 직장을 구할 것이다.
운동을 시작할 것이다.
몸에 좋은 식사를 할 것이다.
빚을 갚을 것이다.
절약하며 살 것이다.
승진할 것이다.
시간 관리를 잘 하며 보람 있게 살 것이다.
행복한 결혼생활을 할 것이다.
아이들과 함께 하는 시간을 늘릴 것이다.

언젠가는 이렇게 될 것이다.

행동을 불러라.

앞에서 말한 바와 같이 꿈꾸는 사람과 실천하는 사람의 차이는 지속적이고 목적의식을 지닌 행동에 있다. 행동은 모든 성공적인 변화에 필수 조건이다. 실천은 하지 않고 어떤 굉장한 일을 말하고, 생각하고, 꿈꾸고, 희망하고, 계획하기만 하는 사람이 많다. 진정한 변화를 경험하고자 한다면 실질적이고 목적의식을 지닌 행동을 취해야 한다. 의식적인 삶의 핵심이 바로 이것이다. 나의 할아버지께서는 이렇게 말씀하셨다.

"좋은 행동과 좋은 생각의 차이는 무엇인가? 엄청난 차이가 있다!"

유명한 연설가인 카벳 로버트(Cavett Robert)는 이렇게 쓰고 있다.

"건설적인 삶은 우리가 행동하는 것들로 만들어진다. 우리가 하지 않는 것들이 아니다. 인생을 건설하는 데 사용할 수 있는 유일한 재료는 적극적인 행동(positive action)임을 잊지 말아야 한다."

나무에 새 다섯 마리가 앉아 있다고 생각해보자. 그 가운데 세 마리가 날아가기로 결정한다. 몇 마리가 남아 있을까?

다섯 마리 모두 그대로 있다. 날아가기로 결심하는 것과 실제로 날아가는 것은 완전히 다른 것이다. 실천적인 행동이 차이를 만든다.

> "승리자와 패배자를 구별하는 유일한 차이는, 승리자는 행동을 한다는 것이다!"
>
> – 앤소니 로빈스(Anthony Robbins)
>
> "행동, 행동, 그리고 더 많은 행동."
>
> – 테오도르 루즈벨트(Theodore Roosevelt)

이 비유의 주제는 간단하며 분명하다. 하지만 그 교훈을 잊고 사는 사람이 많다. 기회가 오기를 기다리며 사는 사람이 많다. 언젠가는, 어떻게 하다 보면, 잠에서 깨어나 꿈에 그리던 사람이 되어 있을 것이라고 기대한다. 바보 같은 짓이다. 모든 꿈꾸는 사람은 그런 환상에 빠져 있다. 실천가는 행동에 나서며 변화가 일어나도록 만든다.

대공황이 한창이던 1932년에 한 젊은이가 대학에서 사회과

학을 공부하고 졸업했다. 그에게는 인생의 방향이 없었으며 미래에 대한 생각도 없었다. 더구나 직장을 구하기도 아주 힘들었다. 이 젊은이는 행운이 찾아올 때까지 기다리기로 했다. 여름이 되자 그는 고향의 수영장에서 일하며 돈을 벌었다. 어릴 때부터 해오던 일이었다.

수영장을 찾은 아이들을 돌보던 중에 어떤 아이의 아빠와 친구가 되었고 그는 이 젊은이의 미래에 관심을 보였다. 그는 자기 내면을 보라고 말했다. 가장 원하는 것이 무엇인지 생각해 보라고 했다. 그의 조언을 곰곰이 생각한 이 젊은이는 며칠동안 자기 내면을 살펴보았다. 결국 그는 하고 싶은 일을 찾아냈다. 그리고 라디오 아나운서가 되기로 결심했다.

이 젊은이는 라디오 아나운서가 되겠다는 꿈을 그의 은사에게 말했다. 젊은이의 꿈을 들은 은사는 꿈을 실현시키려면 행동에 나서야 한다고 말했다. 젊은이는 라디오 방송국에 들어가겠다는 굳은 결심을 하고, 자동차를 얻어 타며 일리노이를 거쳐 아이오와로 왔다. 결국 아이오와주 대번포트에서 직장을 구했다. WKOC에서 스포츠 아나운서로 일하게 되었다.

"결국 직업을 구했다." 이 남자는 후에 이렇게 말했다. "이때 배운 교훈은 나에게 큰 영향을 주었다. 행동에 나서야 한다는 교훈은 무한한 가치를 지닌 것이다."

이때의 경험으로 소중한 교훈을 얻은 로날드 레이건(Ronald Reagan)은 목표를 세울 때마다 단호하고 목적의식을 가진 행동을 통해 실현시켰으며 나중에는 대통령이 되었다.

목적의식을 지닌 행동이 뒷받침되지 않아 여전히 나무에 앉아 있는 여러분의 꿈과 희망은 무엇인가?

릴리안 카츠(Lillian Katz)는 자기에게 운이 따르지 않는다고 생각했다. 그렇다면 직접 행동에 나서 운을 사냥해야 한다고 생각했다. 24살에 첫 아이를 임신한 릴리안은 더 많은 돈을 벌수 있는 방법을 찾았다. 결혼 축의금으로 받은 2,000 달러로 재료를 사고 잡지에 광고를 냈다. 수제 핸드백과 벨트 광고였다. 1951년 당시만 해도 제품에 만든 사람이 직접 서명하여 판다는 생각은 아주 독특하고 혁명적인 것이었다. 광고 문구는 이랬다.

"당신만을 위해 만든 것입니다."

주문이 밀려들기 시작했으며 사업은 급속도로 발전했다. 통신 판매 회사인 릴리안 버논(Lilian Vernon Corporation)의 연간 매출 규모는 2억 달러에 이른다.

이제 릴리안은 식탁에 앉아 일하지 않는다. 1,000명 이상이 그녀의 회사에서 일하며 주마다 3만 건 이상의 주문을 처리하고 있다. 행운이 찾아오기만을 기다리지 않았기 때문에 이 모든 성공이 가능했다. 그녀는 적극적으로 행동에 나섰으며 성공을 일구어냈다.

성공한 사람들은 주어진 환경을 적극적으로 활용하며 앞에 놓인 기회를 절대 놓치지 않는다. 정반대의 사례를 보여 주는 한 남자가 있다.

많은 비가 내려 홍수가 났으며, 그 남자의 집이 물에 잠길 위기에 처했다. 물이 불어났다. 이웃 사람이 트럭을 타고 와서 같이 안전한 곳으로 피하자고 했다. 이 남자는 거절했다. 신이 자기를 구해주실 것이라고 했다. 물이 계속 불어났으며, 이 남자는 결국 지붕으로 올라가야 했다.

이때 한 남자가 배를 타고 와서 안전한 곳으로 피하자고 했다. 하지만 이 남자는 다시 거절했다. 신이 구해주실 것이라고 말했다.

물이 지붕까지 올라오기 시작했다. 그 남자가 살아날 가능성은 없어 보였다. 그때 헬리콥터가 와서 밧줄을 내렸다. 물에 빠질 위기에 처한 이 남자는 다시 한번 구조의 손길을 거절했다. 신이 구해주실 것이라고 말했다. 헬리콥터는 날아갔으며, 죽음에 직면한 이 남자가 소리쳤다.

"신이시여, 나를 구해주실 것이라고 굳게 믿었습니다. 그런데 왜 구해주지 않는 것입니까?"

그때 갑자기 어떤 목소리가 들렸다. 신의 목소리였다.

"원하는 것이 무엇이냐? 나는 너에게 트럭과 배를 보냈다. 심지어 헬리콥터도 보냈다."

의식적인 삶은 행동하는 삶이다. 우리는 타고난 잠재력을 발휘하는데 필요한 도구와 능력과 조건을 갖추고 있다. 하지만 그 잠재력을 발휘하려면 행동이 필요하다. 끊임없는 행동, 목적의식을 지닌 행동이 있어야 한다. 당신은 무엇을 기다리고 있는가? 오늘 당장 행동에 나서라! 방향과 목표를 정하고 습관의 힘을 활용하라!

나의 적(敵)

"나의 적은 나의 아군(我軍)이다."

– 메드먼드 버크

영국의 정치가로서 언제나 근엄하게, 그리고 부정과 담을 쌓고 강직하게 살았던 그는, 그런 이유때문에 많은 정적을 갖고 있었다.

그러나 언제나 반대를 위한 반대를 싫어하고 자기 정견을 갖고 당당하게 맞서서 토론했던 그에게는 '적이 곧 아군'이었을 것이다. 왜냐하면 "나와 다투는 사람이 나의 신경을 강하게 하고 나의 사고를 기민하게 만들어 주었기 때문이다."라고 그는 말하고 있다.

확실히 성의를 갖고 전력을 다해서 부딪치면 적은 반드시 내 편이 된다. 습관도 마찬가지이다.

참고문헌

*A*bbot, Lawrence. 1920. *Impressions of Theodore Roosevelt*. Garden City(New York)：Doubleday, Page.

Alford, Steve. 1989. *Playing for Knight：My six seasons with Coach Knight*. New York. Simon & Schuster.

Amos, James E. 1972. *Theodore Roosevelt：Hero to His Valet*. New York: John Day.

Axelrod, Alan. 1999. *Patton on Leadership*. New Jersey：Prentice Hall Press.

$\mathcal{B}$asler, Roy P. 1946. *Abraham Lincoln∶His Speeches and Writings*: New York: World Publishing Co.

Basler, Roy P. 1953. *The Collected Works of Abraham Lincoln*. 8 vols. New Brunswick(New Jersey)∶Rutogers Univ. Press.

Beveridge, Albert J. 1928. *Abraham Lincoln∶1809-1858*. 4 vols. New York∶Houghton Mifflin.

Bishop, Joseph Bucklin. 1920. *Theodore Roosevelt and His Time-Shown in His Own Letters*. 2 vols. New York∶ Charles Scribner' s Sons.

Blum, John Morton. 993. *The Republican Roosevelt*. 2nd ed. Cambridge(massachusetts)∶Harvard University Press.

Bryce, James. 1995. reprint [1888]. *The American Commonwealth*. 2 vols. Indianapolis(Indiana)∶Liverty Fund.

Chambers, Oswald. 1963. *My Utmost for His Highest.* Uhrichsville, Ohio: Barbour.

Charnwood, Lord. 1924. *Theodore Roosevelt.* Boston: Atlantic Monthly Press.

Cohen, William A. 2001. *Wisdom of the Generals.* New Jersey: Prentice Hall Press.

Collins, Jim. 2001. *Good to Great.* New York: Harper Collins.

Cook, John. 1993. *The Book of Positive Quotations.* New York: Gramercy Books.

Croker, H. W., III. 1999. *Robert E. Lee on Leadership.* Rocklin(California): Prima.

Einstein, Lewis. 1930. Roosevelt: *His Mind in Action.* Cambridge(Massachusetts): Riverside.

Eldredge, John. 2001. *Wild at Heart*. Nashville: Thomas Nelson Publishers.

*F*rank, Leonard Roy. 2001. *Quotationary*. New York: Random House.

Freedman, David H. 2000. *Corps Business: The 30 Management Principles of the U.S. Marines*. New York: Harper Collins.

*G*able, John Allen. 1978. *The bull Moose Years*. Port Washington(New York): Kennikart Press.

Gladwell, Malcolm. 2000. The Tipping Point: *How Little Things Can Make a Big Difference*. New York: Back Bay Books.

*H*agedorn, Hermann. 1950 reprint [1919]. *The Boy's Life of Theodore Roosevelt*. New York: Harper & Brothers.

Harbaugh, William H. 1997 reprint [1961]. *Power and Responsibility: The Life and Times of Theodore Roosevelt*. Newton(Connecticut): American Political Biography Press.

Henderson, Daniel. 1919. *"Great-Heart"-The Life Story of Theodore Roosevelt*. 2nd. New York: William Edwin Rudge.

Hunter, James C. 1998. *Servant Leadership*. Rocklin(California): Prima.

Jamison, Steve. 1997. *Wooden*. Chicago: Contemporary Books.

Johnston, William Davison. 1981 reprint [1958]. *TR: Champion of the Strenous Life*. New York: Theodore Roosevelt Association.

Maxwell, John C. 1999. *The Twenty-one Indispensable Qualities of a Leader.* Nashville: Thomas Nelson Publishers.

Maxwell, John C. 1999. *The Twenty-one Irrefutable Laws of Leadership.* Nashville: Thomas Nelson Publishers.

Maxwell, John C. 1999. *The Twenty-one Most Powerful Minutes in a Leaders day.* Nashville: Thomas Nelson Publishers.

McComick, Blaine. 2001. *At work with Thomas Edison: Ten Business Lessons from America's Greatest Innovator.* New York: Entrepreneur Press.

Naylor, Natalie A., Douglas Brinkley, and John Allen Gable (eds.). 1992. *Theodore Roosevelt: Many-Sided American.* Interlaken(New York): Heart of the Lakes Publishing.

Neff, Thomas J., Citrin, James M. 2002. *Lessons from the Top : The 50 Most Successful Business Leaders in America-and What You Can Learn from Them*. New York : Currency Doubleday.

Roosevelt, Theodore. 1995. *A Bully Father : Theodore Roosevelt's Letters to His Children*. Kerr, Joan Paterson(ed.). New York : Random House.

Simonton, Dean Keith. 1994. *Greatness : Who Makes History and Why*. New York : Guilford Press.

Stock, James M. 2001. *Theodore Roosevelt on Leadership*. Roseville(California) : Prima.

Strouse, Jean. 2000. *Morgan: American Financier*. New York : Perennial.

Taylor, Robert L. 1996. *Military Leadership : In Pursuit of Excellence*. Boulder(Colorado) : Westview Press.

Warren, Rick. 2002. *The Purpose Driven Life*. Grand Rapids, Michigan : Zondervan.

Williams, T. Harry. 1952. *Lincoln and His Generals*. New York : Alfrend A. Knopf.